上海全球城市研究院
SHANGHAI INSTITUTE FOR GLOBAL CITY

SHANGHAI METROPOLITAN AREA DEVELOPMENT REPORT

上海都市圈
发展报告·第一辑
空间结构
Spatial Strucuture

陈 宪 ◎ 主编

格致出版社　上海人民出版社

编写组成员

总 策 划　康旭平　燕　爽
丛书主编　周振华　陈　宪
分辑主编　陈　宪

第 1 章　　陈　宪
第 2 章　　伏开宝　何雨霖　陈　宪
第 3 章　　王赟赟
第 4 章　　陈　宪　伏开宝
第 5 章　　陈　宪　伏开宝
第 6 章　　伏开宝　何雄就
第 7 章　　何雨霖
第 8 章　　崔婷婷

英文译校　陈昉昊

目 录

8　上海都市圈的同城化发展

CONTENTS

4　Spatial Structure of the Yangtze River Delta Central Region

5　Spatial Structure of Shanghai Metropolitan Area

6　Renewal and Regeneration of the Central Urban Area of Shanghai Metropolitan Area

7   New Town Construction in Shanghai Metropolitan Area

8   Integration Development of Shanghai Metropolitan Area

图表目录

1

绪　论

《上海都市圈发展报告》第一辑以"空间结构"为主题。报告以城市化演化逻辑为基础，分析中心城市、都市圈和城市群的发展脉络，并阐述三者的关系。世界五大都市圈形成和发展的经验，既验证了城市化逻辑的一般性，也为中国都市圈规划建设提供了借鉴。长江三角洲是中国经济社会发展一体化程度最高的地区之一，上海都市圈是其中一体化发展的具体形态。报告厘清长三角区域的空间层次，为详尽分析上海都市圈空间结构提供基础。上海都市圈由主城区、新城区和同城（化）区组成，总体结构框架、中心城区更新和再生、五个新城规划建设和江浙近沪城市的同城化，是研究其空间结构的主要内容。上海都市圈是上海全球城市和现代化国际化大都市功能建设的空间载体，把握都市圈规划建设与全球城市和现代化国际化大都市功能建设的侧重点及关系，也是一个需要研究和实践的课题。

The first in the series of *Shanghai Metropolitan Area Development Report* is themed around "Spatial Structures." It analyzes the development of the central district (*zhongxin chengqu*), metropolitan area, and city cluster; it then elaborates on the relationships among them. The process of formation and development of five major metropolitan areas in the world not only demonstrates the generality of theories of urbanization but also provides references for planning and constructing metropolitan areas in China. The Yangtze River Delta region is one of the areas with the highest degree of integrating economic and social development, among which the Shanghai Metropolitan Area is one substantial example of such patterns. The report clarifies the region's spatial hierarchy and provides the basis for an exhaustive analysis of the Shanghai Metropolitan Area's spatial structure. This area consists of the central district, several new cities, and the cities surrounding Shanghai. The main content of studying spatial structure includes the renewal and regeneration of the central districts, the planning and construction of five new cities, and urban integration of Shanghai's surrounding cities in the Zhejiang Province and Jiangsu Province. Shanghai Metropolitan Area is the spatial carrier for the construction of Shanghai as a global city and the functions of internationas modern metropolises. To grasp the focus and the relationship between these two concepts is also a topic that needs to be studied and practically applied.

1.1 城市化演进中的中心城市、都市圈和城市群

从人类居于广袤乡村，到城镇出现，进而演进为小城市、大城市、中心城市，再到都市圈（metropolis，metropolitan area，亦称都市区）和城市群 [①]（megalopolis），作为人类社会发展史核心内容的城乡对立运动，渐入城市化或城乡一体化的佳境。

中心城市和都市圈是城市化的两个基本形态。在相对发达的地区，都市圈成为城市化的主要形态；在相对次发达的地区，中心城市是城市化的主要形态。譬如，在粤港澳大湾区和长三角中心区，都市圈是城市化的主体；在成渝地区、长江中游或中原地区，中心城市是城市化的主力军。这是城市化演化进程的一个折射。它们之间的一个重要区别是，都市圈内部要素和产业的关系，以辐射、溢出和分工为主；中心城市和周边地区要素和产业的关系，则以集聚、吸纳和转移为主。以中心城市为核心形成都市圈是一个时间问题。

都市圈和城市群是两个不同的概念，但现在经常被学者和媒体混用，这不利于理解城市化或区域一体化的空间结构。2019 年 2 月 19 日，国家发展和改革委员会发布《培育发展现代化都市圈的指导意见》，明确了城市群和都市圈的概念，并阐述了二者的关系。文件指出："城市群是新型城镇化主体形态，是支撑全国经济增长、促进区域协调发展、参与国际竞争合作的重要平台。都市圈是城市群内部以超大特大城市或辐射带动功能强的大城市为中心、以 1 小时通勤圈为基本范围的城镇化空间形态。"可见，城市群中总有两个及以上都市圈；都市圈则是城市群中城市化的现实

[①] 法国地理学家戈特曼（Gottman）1957 年提出城市群（megalopolis）概念，指特大的城市，或以特大城市为中心的人口稠密区。

样态。我们认为，这个阐释符合国际经验和中国实际，具有重要的参考价值。

都市圈是怎么形成的？这里，我们试图提出一个假说，即"职住平衡说"。也就是说，都市圈形成的一个解释是中心城区"人满为患"，在其郊区出现以居住为主要目的的新城镇，直至行政区划周边的城市也加入到这个行列。为了方便上下班并缩短通勤时间，轨道交通应运而生，故都市圈的英文为"metropolis"，例如，东京都市圈一直有"轨道上的城市"的美誉。职住平衡关系的演变是都市圈形成的重要原因之一。也可以从产业转移和产业链的视角，讨论都市圈的形成。不过，"职住平衡说"可能更加本源，是第一性的。

1.2　长三角区域一体化中的上海都市圈

上海都市圈地处长江三角洲的核心地带，是长三角区域中若干都市圈之一。研究上海都市圈空间结构，要将其置于长三角区域一体化的格局中，才能把握其结构特征和相应地位。

长三角区域一体化的空间范围为 35.8 万平方公里，比德国（35.7 万平方公里）稍大，比日本（37.8 万平方公里）略小。在如此面积且有着较高经济密度的空间范围内，区域一体化无疑呈现出多层次结构。这不仅是自然地理和行政地理的客观反映，而且与经济发展、生态环境、社会治理、交通网络和产业网链等有着密切的联系。因此，正确理解长三角区域一体化的空间层次及其与相关因素的关系，能够有效促进长三角地区更好更快地实现其高质量一体化发展的使命和价值。

长三角全域包括上海市、江苏省、浙江省和安徽省，一市三省是长三角空间结构的第一个层次。《长江三角洲区域一体化发展规划纲要》(以下简称《规划纲要》)指出：要"以上海市，江苏省南京、无锡、常州、苏州、南通、扬州、镇江、盐城、泰州，浙江省杭州、宁波、温州、湖州、嘉兴、绍兴、金华、舟山、台州，安徽省合肥、芜湖、马鞍山、铜陵、安庆、滁州、池州、宣城27个城市为中心区（面积22.5万平方公里），辐射带动长三角地区高质量发展"。这个中心区是长三角空间结构中的第二个层次。

在2016年6月发布的《长江三角洲城市群发展规划》中，上述27个城市中除温州市之外的26个城市被定义为长三角城市群，这也是该规划的空间范围。在2019年12月发布的《规划纲要》中，则用"中心区"取代了"城市群"这一表述。这个表述的改变是正确的。因为，在中国经济最为发达的长三角区域，将其中的26个或27个城市作为一个城市群，无论从城市群概念，还是现实发展状况看，都是不合适的。

《规划纲要》明确要求"加快都市圈一体化发展"，并通过阐述若干都市圈之间关系，揭示了长三角空间结构的第三个层次。《规划纲要》指出："推动上海与近沪区域及苏锡常都市圈联动发展，构建上海大都市圈。加强南京都市圈与合肥都市圈协同发展，打造东中部区域协调发展的典范。推动杭州都市圈与宁波都市圈的紧密对接和分工合作，实现杭绍甬一体化。"这里的"上海大都市圈"是指上海城市群，大致包括苏州、无锡、常州、南通、嘉兴和湖州。"南京都市圈与合肥都市圈协调发展"，即形成宁合城市群；而"杭绍甬一体化"就是杭甬城市群。上海城市群、宁合城市群和杭甬城市群是长三角空间结构的第三个层次。这是我们以前疏忽的一个层次，一个承上启下的中间层次。这三个城市群在长三角区域一体化的空间结构中具有重要地位。

《规划纲要》进一步要求："以基础设施一体化和公共服务一卡通为着力点，加快南京、杭州、合肥、苏锡常、宁波都市圈建设，提升都市圈同城化水平。"如果以上对"上海大都市圈"的理解是对的，那么，就还有一个以"1小时通勤圈"和江浙近沪区域为空间范围的"上海都市圈"。因此，长三角空间结构的第四个层次是上海、南京、杭州、合肥、苏锡常、宁波都市圈。各都市圈范围内以行政区划界定的各城市，是长三角空间结构的第五个层次。

由此可见，长三角区域一体化的空间结构是：全域——一个中心区——三个城市群——六个都市圈——若干个城市。在这五个层次中，都市圈处于核心地位，是科创策源、产业集聚、政策协同和社会治理的基本载体。随着城市化水平的日益提高，长三角的城市群和都市圈都将在演化中形成新的组合，城市群和都市圈的数量都有可能增加。都市圈是现代经济社会功能区，通常是跨行政区划、跨都市圈，甚至跨城市群的，其边界是弹性的，"你中有我，我中有你"是常态。

1.3　上海都市圈空间结构的"3＋1"圈层

我们在长三角空间结构中看上海都市圈的一个演化逻辑是，从上海都市圈到上海城市群，再到长三角世界级城市群，即研究全球城市的专家所说的"巨型城市区域"。我们再从另一个演化逻辑出发，从上海主城区到郊区新城，再到江浙近沪城市，可以看到上海都市圈"3＋1"的圈层结构。

1843 年，上海开埠。其后的 100 多年间，上海的市域面积不断扩大。1927 年，上海设特别市时，区划面积为 527.5 平方公里（不包括租界地区）。1958 年，国务院将江苏省的上海县、嘉定县、宝山县、川沙县、南汇县、奉贤县、松江县、金山县、青浦县、崇明县共十县划入上海市，是上海市市辖区域扩大的关键性事件。通过这一区划调整，上海市的辖域面积增加了 10 倍。这次调整不仅帮助上海解决了城市发展面临的空间制约，有助于落实中央对上海发展的新要求。更为重要的是，作为城市快速发展时期空间拓展的制度性安排，这次行政区划调整对上海城市空间重构和城市功能重塑产生了重大且长远的影响。

1949 年 10 月，新中国成立时，上海市行政区划面积 636.18 平方公里，中心城区面积仅为 82.4 平方公里。截至 2020 年底，上海市管辖 16 个市辖区，总面积 6 340.5 平方公里。其中，中心城区面积约 664 平方公里，包括：黄浦区（黄浦区、原南市区、原卢湾区）、徐汇区、长宁区、静安区（静安区、原闸北区）、普陀区、虹口区、杨浦区以及浦东新区外环线以内的城区。《上海市城市总体规划（2017—2035年）》确定，中心城区外围的主城片区面积约466平方公里，包括：虹桥片区86平方公里，川沙片区97平方公里，宝山片区84平方公里，闵行片区199平方公里。中心城区、主城片区，以及高桥镇、高东镇紧邻中心城区的31平方公里区域，构成上海的主城区，面积约1 161平方公里，是上海都市圈的第一圈层。

在主城区范围之外的区域为郊区。2021年3月，上海市政府公布《关于本市"十四五"加快推进新城规划建设工作的实施意见》，在再次确认国务院批复的《上海市城市总体规划（2017—2035年）》中，有关"将位于重要区域廊道上、发展基础较好的嘉定、青浦、松江、奉贤、南汇等5个新城，培育成在长三角城市群中具有辐射带动作用的综合性节点城市"规划安排的基础上，提出了加快建设的具体意见。这五个新城位于上海郊区。在城市化水平不断提高的背景下，郊区式微，所以，这五个新城的规划目标是"独立的综合性节点城市"，并由此确立了主城区以外的新城区建设是上海都市圈第二圈层的地位。

《长江三角洲区域一体化发展规划纲要》界定了上海都市圈的第三圈层，即上海行政区划之外的"近沪区域"。这块近沪区域大致包括哪些城市？这与确定圆心点即上海的市中心有关。历史上，城市的中心通常位于商业中心。再以后，行政中心也会成为城市的中心。过去几十年来，客观形成或人们公认的上海市中心位于人民广场。那里，以第一百货商店为标志，是上海的商业中心；以上海市人民政府所在地为标志，是上海的行政中心。但一个城市的中心是会转移的，同时，随着城市进程发展，会出现多中心和副中心。随着城市间联通的紧密，以及与周边地区一体化日渐重要，交通枢纽作为城市中心渐成趋势。

上海新的市中心，同时也是上海都市圈的中心。在上海6 000多平方公里的版图上，人民广场略偏东。上海的东面是长江入海口和杭州湾，是海域。与上海陆域接壤的江苏、浙江在上海的西北和西南方向。上海都市圈的空间范围是上海的行政区划加江浙的近沪区域。近年来，上海建成了一个举世罕见的空港与高铁合一的巨型交通枢纽——100万平方米的虹桥枢纽。这里，还有100万平方米的会展场馆，进口博览会在此举办；以及100万平方米的商务楼宇，成为上海西部的CBD。我们将这三个"100万"合称为虹桥枢纽。相对于人民广场，虹桥枢纽作为上海都市圈的中心更加名副其实。2021年2月，国务院批复《虹桥国际开放枢纽建设总体方案》，明确了虹桥国际开放枢纽建设的指导思想、发展目标、功能布局和主要任务，标志着虹桥国际开放枢纽成为继自贸试验区临港新片区、长三角生态绿色一体化发展示范区之后，上海落实长三角一体化发展国家战略的又一重要承载地。

以虹桥枢纽为圆心划定10 000平方公里的上海都市圈空间范围，包括上海的行政区划和江浙的近沪区域，即嘉兴市的平湖、嘉善，苏州的部分市辖区和昆山、常熟和太仓。如果以80公里为半径划定上海都市圈空间范围，则增加了嘉兴的部分市辖区和海盐，南通的通州、海门和启东。苏州、嘉兴和南通等近沪城市，将与五个新城和主城区一道，共同构成现阶段上海都市圈空间结构。

综上，上海都市圈空间结构呈现"3＋1"的圈层。第一圈层是上海1 161平方公里的主城区。第二圈层在主城区外围，即连接嘉定、青浦、松江、奉贤及南汇五个新城的空间范围。第三圈层就是上海的周边城市，其内涵是沪苏、沪嘉和沪通同城化。苏州、嘉兴和南通是陆域或水域与上海接壤的三个地级市。这是"3＋1"圈层中的"3"，"1"则是指上海市的市域范围。前者是经济社会功能区，后者是行政区划。经济社会功能区的地位和作用将日益增强。在"十四五"期间，沪苏、沪嘉和沪通同城化（urban integration），五个新城的规划建设，以及主城区更新和再生都将加快推进。

在现阶段，五个新城建设成为做实上海都市圈空间结构的重中之重。上海主城区周边建设新城是一个由来已久的话题，建设过程也走过弯路。"十四五"期间，上海将构建"中心辐射、两翼齐飞、新城发力、南北转型"的空间格局。"中心辐射"是指主城区，"两翼齐飞"是指浦东、虹桥，"南北转型"是指金山、宝山，"新城发力"则是指嘉定、青浦、松江、奉贤及南汇五个新城在产业发展、公共服务、综合交通和环境治理等方面集中规划建设、全面赋能。由此，在主城区外围将出现五个独立的综合性节点城市。五个新城不仅与主城区功能互补、相互赋能，它们之间也将功能互补。更为重要的是，它们分别成为上海的副中心，连接近沪城市，节点城市和近沪城市将与主城区一道，形成上海都市圈空间结构。在"十四五"期间，上海都市圈和五个新城的规划建设，以及主城区更新和再生的规划建设将同时推进。相关的实施意见、重点领域专项工作和行动方案正在相继出台，并付诸实践。

20 世纪中期以来，发达经济体的中心城市先后经历了产业结构和空间结构的双重转型。前者主要指形成以现代服务业为主导的产业结构，后者则是在轨道交通网络上形成主城区、郊区新城和周边城市即都市圈（区）的空间结构。尽管在这个过程中不乏矛盾，但转型过程是工业化与城市化相互推动的产物，是经济社会发展规律性的表现，因此，无论矛盾多么复杂，过程多么艰辛，新的结构终将出现。上海都市圈空间结构亦将成为一个转型的典型范例。

1.4 上海都市圈是全球城市功能建设的空间载体

《上海市城市总体规划（2017—2035 年）》提出了上海城市发展的总体目标：卓越的全球城市和社会主义现代化国际大都市。上海都市圈与正在建设的上海全球城市和现代化国际大都市，在空间结构、战略定位和发展目标上是基本一致的。二者的侧重点有所不同。例如，上海都市圈是区域一体化的产物，其规划建设需要充分考虑以打破行政壁垒，提高政策协同，使要素在更大范围自由流动为重点；全球城市和现代化国际大都市则要以功能和软实力建设为重点，即以全球资源配置功能、科技创新策源功能、高端产业引领功能和对外开放枢纽门户功能及软实力建设为重点。上海都市圈是上述功能和软实力建设的空间载体。

改革开放以来，中国城市政府的经济职能与行为大致集中在三个方面：项目建设、制度建设和功能建设。在时间轴上，这三个方面有先后和重点之分。进入新发展阶段，中国的一线城市，还有几座新一线城市，如成都、杭州等，都表达或再次表达了加强功能建设的强烈意愿，并付诸具体行动。

项目建设始终是城市政府经济工作的主要抓手，集中在招商引资、基础设施、技术改造等方面。根据中国经济现有的发展水平和发展模式，项目建设仍将是未来较长时期，城市政府推动社会经济发展，满足民生需要的重要工作。

党的十八大以来，城市政府适应经济体制的深化改革，使市场在资源配置中起决定性作用，更好发挥政府作用，同时不断推动发展方式转型，尤其是实现从要素驱动、投资驱动到创新驱动、消费驱动的转变，工作重心开始向制度建设转移，"放管服"改革和改善营商环境就是其中的标志性工作。至此，项目建设和制度建设成为城市政府的两个抓手，互相促进，共同推动城市社会经济发展。

在项目建设、制度建设取得积极进展的同时，城市政府，主要指超大、特大城市政府，即一线城市和部分新一线城市政府，高度关注以现代服务业和软实力为主要内容的功能建设。近年来，迅速发展的数字化和数字经济，也是城市功能建设的重要组成部分。功能建设是在城市经济发展，尤其是在产业结构升级、专业化分工和创新驱动的前提下提出来的。现代服务业，或者说生产性服务业的发展，形成了城市的服务功能。专业化分工的深化，产生了巨大的生产性服务需求，生产性服务供给又有着显著的集聚特征。创新驱动则要求人力资本、技术和企业家精神起主导作用，进而对教育、文化、治理、传播和智库等城市软实力提出了很高的要求。这些因素的叠加，促使超大特大城市在功能建设上都作了相应的规划，提出了具体政策和实施举措。

中共上海市委书记李强最近指出，进入新发展阶段，做强功能是上海推动高质量发展的必由之路。要全面强化"四大功能"，不断提升城市能级和核心竞争力，努力成为国内大循环的中心节点和国内国际双循环的战略链接，更好融入和服务新发展格局。这充分表达了上海加强功能建设的信心和决心。

2

城市空间结构
与功能演化

城市存在的重要基础。[①]18世纪后，城市越来越成为重要的经济力量。亚当·斯密（Adam Smith）在《国富论》（*The Wealth of Nations*）中肯定了农业的充分发展是城市产生的重要前提，也是城市经济发展的基础。[②]

城市作为地区经济社会发展的主要载体，区位对城市的产生形成和成长具有重要作用。以冯·杜能、克里斯泰勒、奥古斯特·勒施（August Lösch）以及沃尔特·艾萨德（Walter Lsard）等为代表的学者最早开展区位问题的研究，认为城市是一种社会生产方式，社会生产的各种物质要素和物质过程在城市集聚，由不同的城镇个体及子系统构成社会经济系统。系统之间和城镇之间存在相互作用。城市化的动力来自城镇的集聚性创造了大于分散系统的经济效益。

杜能在《孤立国对于农业及国民经济之关系》（1826）中提出农业区位论，阐述了区位对城市产生决定作用的观点。他认为，即使在相同的自然条件下，生产区位和消费区位之间的距离也会导致农业的空间分异，使得农业生产方式出现同心圆结构，同心圆结构的中心地区就是城市产生的地方。[③]

城市产生和形成的初期，属于农业经济时代。以农业经济为主，生产力水平低下，决定了城市只能以渐变的形式发展。由于城市结构稳定，城市向外扩张及内部空间结构的变化速度都很慢。伊德翁·舍贝里（G. Sjoberg）在1960年出版的《前工业城市：过去和现在》一书中，通过对大量前工业社会城市的研究总结指出，城市产生的先决条件有三点：第一，有利的"生态"基础；第二，农业和非农业领域的先进技术；第三，复杂的社会组

---

① 参见 Reinert，E. S. 和 Giovanni Botero（1588）以及 Antonio Serra（1613），"Italy and the Birth of Development Economics"，载 *Handbook of Alternative Theories of Economic Development*，Edward Elgar Publishing，2016。

② 参见［英］亚当·斯密：《国民财富的性质和原因的研究》，孙羽译，中国社会出版社1999年版；孟祥林：《城市化进程研究》，博士论文，北京师范大学，2006年。

③ 参见［美］冯·杜能：《孤立国对于农业及国民经济之关系》，吴衡康译，商务印刷馆1986年版；马文武：《中国农村劳动力转移与城市化进程中非均衡性研究》，硕士论文，西南财经大学，2012年。

织，尤其是一个完善有利的社会结构。城市空间结构有以下特征：大部分城市外围都有城墙，城市内部的各个区块和居民小区也是用墙分隔的；社会的上层阶层都居住在市中心，穷人则聚居在郊区和城市边缘地区；在城市边缘之外更偏远的地方，分布着权贵的夏日行宫或是他们在乡下的宅第。中央政权和宗教机构是城市的主导，市中心大多有广场，主要的政治、宗教建筑，集市都集中在城市中心的"核心区块"；主要的公共建筑不是扎堆在宽阔的广场或集市周围，就是坐落在笔直而宽广的主干道两旁或两端。[①]

2.1.2　由单中心城市扩张为多中心都市圈

对城市空间结构的研究，最早可以追溯到 19 世纪恩格斯（Friedrich Engels）对曼彻斯特社会居住空间模式的研究。胡尔德（Hurd，1904）、加平（Garpin，1918）分别对城市扩张的形状和方向进行了研究，提出了城市中心向外呈同心圆推进和沿主要交通线呈放射状推进的看法。但是，他们没有对这种推进形式的内部机制进行深入分析，没有构成一派学说。[②]20 世纪 20 年代开始，芝加哥学派相继提出同心圆理论、扇形理论和多中心理论等经典理论，研究城市空间结构。

1923 年，伯吉斯（E.W.Bugress）根据对芝加哥城市土地利用结构的分析，提出了同心圆理论——一个城市从它原来的中心扩展成一系列同心区域。在最初的模型中，伯吉斯使用了五个圆或区域：第一圈是中心商业区，第二圈是过渡区，第三圈是工人住宅区，第四圈是居住区，第五圈是通勤区。后来的研究称之为中央商务区、过渡区、低级住宅、中级住宅和高级住宅。同心圆的中心观点在于城市人口迁入及其移动导了致城市地域分化。

美国土地经济学家霍伊德（H.Hoyt，1934）通过对美国多

---

① 参见［瑞典］伊德翁·舍贝里：《前工业城市：过去和现在》，高乾、冯昕译，社会科学文献出版社 1960 年版，第 26、91—101 页。

② 参见顾朝林、甄峰、张京祥：《集聚与扩散——城市空间结构新论》，东南大学出版社 2000 年版，第 41 页。

个城市房租和城市地价分布的考察研究，进一步发展了同心圆理论，提出扇形理论。扇形理论保留了同心圆理论的圈层结构，指出高地价地区位于城市一侧的一个或两个以上的扇形范围内，并且从市中心向外呈放射状，在一定的扇形区域内延伸，呈楔状发展；低价地区也在某一侧或一定扇面内从中心部向外延伸，扇形内部的地价不随离市中心的距离而变动。该理论中的城市空间结构为：中央商务区位居中心区，批发和轻工业区沿交通线从市中心向外呈楔状延伸；由于中心区、批发和轻工业区对居住环境的影响，居住区呈现为由低租金向中租金区的过渡，高房租区沿一条或几条城市交通干线从低房租区开始向郊区延伸。该理论强调，城市的发展沿主要交通干线或沿阻碍最小的路线从市中心向外扩展。然而，该理论仅采用房租这一单一指标来分析城市空间的扩张运动，而没有考虑其他影响城市扩张的因素，理论也不具有代表性。[①]

随着工业的发展，城市空间结构呈现多中心的变化。美国地理学家哈里斯（C.D.Harris，1945）和厄尔曼（E.L.Ullman，1945）提出城市空间结构的多中心理论。他们认为，城市市区内有若干个分立的核心，有商务中心和其他承担专门化功能的支配中心。城市的土地利用围绕这些中心展开，城市并非由单一中心而是由多个中心构成。多中心理论考虑了城市地域发展的多元结构，相对于同心圆和扇形理论更接近实际。但是，多中心理论没有深入分析不同中心之间的等级差异和其在城市总体发展中的地位，且较少分析多中心之间的职能联系。[②]

在同心圆理论、扇形理论和多核心理论三大经典模式之后，学者又相继提出多种新的城市空间结构理论。迪肯森（Dickinson）提

---

① 参见顾朝林、甄峰、张京祥：《集聚与扩散——城市空间结构新论》，东南大学出版社 2000 年版，第 44 页；何海兵：《西方城市空间结构的主要理论及其演进趋势》，《上海行政学院学报》2005 年第 5 期。

② 参见 Riley K.，1957，"Zonal and Sector Theories of Internal Urban Structure Applied to Tulsa"，*Proceedings of the Oklahoma Academy of Science*，pp.176—177；McDonagh，J.，2007，"Theories of Urban Land Use and their Application to the Christchurch Property Market"，Lincoln University.

出三地带理论，认为城市的地域空间由中央地带、中间地带和外缘地带（或郊区地带）组成。埃里克森（E.G.Eircksen）的折中理论认为，城市空间结构从市中心的中央商务区（CBD）呈放射状伸展，居住区充填于放射线之间，市区外缘由工业区包围。折中理论的城市空间结构模式更接近于现代工业城市的地域结构。塔弗（Taaffe）等人提出了城市地域理想结构模式，即城市由五部分组成：中央商务区、中心边缘区、中间带、外缘带和近郊区。洛斯乌姆（Russwurn）提出了由城市核心区、城市边缘区、城市影响区和乡村腹地构成的描述现代社会的区域城市结构模式。穆勒（Muller对哈里斯和乌尔曼的多中心理论作进一步扩展，提出了一种新的大都市空间结构模式，由衰落的中心城市、内郊区、外郊区和城市边缘区四个部分组成。该模式可以称为多中心城市模式，在大都市地区，除了衰落的中心城市，郊区正在形成若干个小城市。①

学者们从不同角度分析多中心城市空间结构形成的原因机制，并分析多中心空间结构的稳定性。1996 年，新经济地理学界的代表人物保罗·克鲁格曼（Paul Krugman）在《自组织经济》一书中建立了多中心城市空间结构的自组织演化模型。结果显示，在任何满足该模型假设的城市中，无论商业活动沿地域分布的初始状态如何，都会自发地组织成为一个具有多个截然分开的商业中心的形态格局，在一定条件下的多中心结构是一种稳定均衡的城市空间结构。②Alex 和 Anas 等（1998）以城市经济学为主，结合城市地理、城市规划和区域科学对城市空间结构及其演化进行了深入研究。他们认为，多中心空间结构是城市空间结构演化的一种自然趋势。③

---

① 参见顾朝林、甄峰、张京祥：《集聚与扩散——城市空间结构新论》，东南大学出版社 2000 年版，第 46—51 页；谢守红：《大都市区空间组织的形成演变研究》，博士论文，华东师范大学，2003 年。

② 参见 Krugman, P., 1996, *The Self-organizing Economy*, Cambridge, Mass.；刘安国、杨开忠：《克鲁格曼的多中心城市空间自组织模型评析》，《地理科学》2001 年第 4 期。

③ 参见 Anas, A., R. Arnott, 和 K. A. Small, 1998, "Urban spatial structure", *Journal of Economic Literature*, Vol.36, no.3, pp.1426—1464。

同心圆理论、扇形理论和多中心理论能够很好地解释城市空间结构不断扩展演变，以及城市由单中心向多中心转变，市区和郊区规模不断扩大的机理。城市规模和结构二者动态演进，在城市发展的初期，城市规模较小，此时是单中心的城市结构；随着城市空间结构的扩展，城市规模不断扩大，城市向多中心发展，形成多中心的圈层结构。

2.1.3　中心城市溢出与辐射，形成都市圈和城市群

1. 相关演化理论机制

随着经济全球化的趋势不断增强，企业生产经营活动在更大范围扩散和集聚。从核心城市向外围城市扩散，从发达国家向发展中国家扩散，区域再集聚的态势不断加强。城市空间结构进一步向外围拓展。随着城市空间结构的扩展，学者们提出相关的城市空间结构理论。

随着工业经济的发展，许多学者开始从城镇角度研究城市空间结构。英国的城市学家霍华德（E.Howard）最早从城市区域角度进行探索性研究，并提出城镇群体（town cluster）概念。著名的"田园城市模式"认为，城市的无限制发展和城市的土地投机是城市灾难的根源，城市应与乡村结合，消除大城市同自然隔离所产生的矛盾。[①] 这一理论模式对其后出现有机疏散理论、卫星城镇理论等城市规划理论有较大的影响，对于都市圈和城市群研究具有一定的启蒙意义。英国学者格迪斯（Geddes）在《进化中的城市：城市规划与城市研究导论》一书中提出，城市的诸多功能随着城市的扩展而跨越了城市的边界，众多的城市影响范围相互重叠，产生了"城市区域"（city region）。格迪斯认为，"城市区域"是一种新的城市空间形式，并创造了"组合城市"（conurbation）一词

---

① 参见［英］埃比尼泽·霍华德：《明日的田园城市》，金经元译，商务印书馆 2000 年版，第 13—15 页。

来描述这种新型的城市化空间组织形式。[①]1933年，德国地理学家克里斯泰勒创建了中心地学说，利用理论模型对城市规模、等级、职能与空间分布的规律进行阐释，强调了城市体系中的等级关系与职能分工。[②]中心地学说成为现代城市体系和商业网点体系研究的重要理论基础。邓肯（O.Duncan，1950）在《大都市和区域》中首次提出了"城镇体系"（urban system）一词，并阐述了城镇体系研究的意义。[③]城镇体系的概念虽然不同于后期出现的大都市区、城市群和大都市带等概念，但它们都是在区域背景下研究城市或区域现象。因而，城镇体系的研究思路为后期的都市圈和城市群研究提供了良好基础。

1953年，瑞典学者哈格斯特朗（T.Hagerstrand）提出了现代空间扩散理论，揭示了技术空间扩散的多种形式（邻域扩散、等级扩散、跳跃扩散等形式）。[④]乌尔曼（E.L.Ullman）于1957年提出空间相互作用理论，总结了空间相互作用产生的三个条件：互补性、中介机会和可运输性。地域临近、交通便利、要素互补性强的城市之间相互作用也越强。[⑤]空间相互作用理论的提出，对城市相互作用以及城市腹地划分等研究有重要意义。[⑥]空间相互作用理论、集聚扩散理论解释了城市间作用的原因、途径和形式，奠定了城市群区域空间演化研究的理论基石，对都市圈和城市群形成机制等研究具有深远的影响。

1955年，法国经济学家佩鲁（Francois Perroux）在分析经济发展中的不均衡问题时提出了增长极理论，认为增长并非同时出现在所有的地方，而是以不同的强度首先出现于一些点或增长极上，然后通过不同的渠道向外扩散，并对整个经济产生不同的终

---

① 参见［英］格迪斯：《进化中的城市：城市规划与城市研究导论》，李浩译，中国建筑工业出版社2012年版。
② 参见刘战国：《构建郑州国家级中心城市问题探讨》，《河南科学》2014年第6期。
③ 参见 Duncan, O. D., W.R.Scott, S.Lieberson, et al., 2019, *Metropolis and Region*, RFF Press。
④ 参见王士君、吴嫦娥：《城市组群及相关概念的界定与辨析》，《现代城市研究》，2008年第3期。
⑤ 参见 Ullman, E. L., 1957, *American Commodity Flow*, Washington D.C.：Seattle University of Washington Press。
⑥ 参见毕秀晶：《长三角城市群空间演化研究》，博士论文，华东师范大学，2014年。

极影响。[1]发展经济学家赫希曼（Hirschman）提出非均衡增长理论，认为经济进步并不同时在每一处出现，必定而且将会在一个或几个区域实力中心首先发展。[2]弗里德曼（Friedman）在其《区域发展政策》一书中提出了"中心—外围"理论，认为率先发展起来的中心区域与发展相对缓慢的外围地区形成一种不平等的发展关系。[3]之后，他结合罗斯托的发展阶段理论构建了区域发展空间演化模型，提出区域发展四阶段论：工业化以前的农业社会、工业化的初始阶段、工业化的成熟阶段、工业化后期。[4]这些理论对中心城市、都市圈和城市群发展演化过程与规律的研究，有着极为重要的指导作用。

还有学者提出劳动空间分工的分析框架将生产的空间结构和经济社会空间结构相联系，形成新的区位机理，并基于此分析劳动分工与城市群的形成机制。英国社会学家朵琳·麦茜（Massey）最早提出了"劳动空间分工"一词，试图利用劳动空间分工来解释区域之间发展不平衡问题，指出社会结构形态在很大程度上缘自地方在不断演替的劳动空间分工中所扮演的角色。[5]斯科特（Scott）通过分析劳动空间分工，研究城市的形成和发展。他从劳动过程的角度分析企业在空间上趋向于集聚还是分散，更加全面系统地研究了城市空间布局，形成独特的工业—城市区位论。[6]

随着信息化和全球化发展，衍生了新的区域理论，城市空间结构演化为都市圈和城市群作出了理论解释。波特（Porter）认为，技术和竞争的变化已经削弱了区位的许多传统作用，信息技术的快速发展推动了跨国公司的经济全球化进程，生产经营活动

---

① 参见 Perroux，F.，1955，"Note sur la Notion de 'Pôle de Croissance'"，*Éditeur Inconnu*。

② 参见 Hirschman，A. O.，1958，*The Strategy of Economic Development*，New Haven：Yale University Press。

③ 参见 Friedman，J.，1966，*Regional Development Policy*：*A Case Study of Venezuela*，Cambridge，Mass. MIT Press。

④ 参见 Frideman，J.，1973，*Urbanization*，*Planning and National Development*，London：Sage Publication。

⑤ 参见 Massey，D.，1979，"In what Sense a Regional Problem？"，*Regional Studies*，Vol.13，no.2，pp.233—243。

⑥ 参见 Scott，A. J.，1988，*Metropolis*：*From the Division of Labor to Urban Form*，Press of California University。

的空间扩散与地方区域再集聚的态势不断加强。[1] 弗里德曼[2]、萨森（Sassen）[3] 等人认为，城市的等级与作用不仅取决于其规模和经济功能，也取决于其作为复合网络连接点的作用。他们从全球经济一体化、信息技术网络化、跨国公司等级体系化等视角，探讨了城市空间组织结构所能产生的影响。斯科特提出了全球城市区域概念。他认为，伴随着新国际劳动分工的推进，生产经营活动出现全球性转移，全球城市或具有全球城市功能的大都市区的地位日益突出。[4] 霍尔（Hall）和佩因（Pain）于2006年在世界城市理论的基础上，针对角色、网络、区域标识、地区政策等方面的考察，发现大都市的空间形态正逐渐向以大都市为中心的多中心大都市区发展。[5] 伴随着新国际劳动分工的推进，生产经营活动出现全球性转移，全球城市或具有全球城市功能的大都市区的地位日益突出。全球化带来的产业分工，技术的扩散和信息时代网络化的经济联系，促进了都市圈和城市群的形成。[6]

2. 中心城市、都市圈和城市群的相互关系

（1）中心城市、都市圈和城市群的联系。

城市随着规模扩大，成为中心城市。由于产业分工和功能协作，中心城市和邻近地区相互作用增强，对周边的辐射和带动作用日益加强。中心城市空间结构迅速扩张，带动周边地区发展，逐渐形成次级中心。次级中心与中心城市一起形成圈层状的空间结构。以中心城市为核心，以中心城市的辐射距离为半径，形成一个分工合作、经济联系紧密和功能互补的区域，都市圈得以

① 参见 Porter，M. E.，2000，"Location，competition，and economic development：Local clusters in a global economy"，*Economic Development Quarterly*，Vol.14，no.1，pp.15—34。

② 参见 Friedmann，J.，1986，"The world city hypothesis"，*Development and Change*，Vol.17，no.1，pp.69—84。

③ 参见 Sassen，S.，1991，*The Global City*，Princeton University Press。

④ 参见 Scott，A. J.，2001，*Global City-regions*：*Trends*，*Theory*，*Policy*，Oxford：Oxford University Press，pp.153—210。

⑤ 参见 Hall，P. G. and K. Pain，2006，*The Polycentric Metropolis*：*Learning From Mega-City Regions in Europe*，Routledge，pp.91—125。

⑥ 参见毕秀晶：《长三角城市群空间演化研究》，博士论文，华东师范大学，2014年。

形成。

随着区域经济发展水平的不断提高，都市圈和周边的城市逐步向外扩张，当都市圈的辐射范围和周边的多个城市或其他都市圈的辐射范围出现融合时，实现了空间耦合，形成了城市群。随着区域经济的发展，可能会出现多个都市圈在空间上实现耦合，城市群的空间范围随之扩大。

（2）中心城市、都市圈和城市群的区别。

首先，空间范围不同。中心城市空间范围取决于其自身规模，而都市圈是由中心城市及其邻近地区和城市组成，都市圈的空间范围由都市圈内中心城市的辐射半径决定。城市群的空间范围要比都市圈大得多，包括都市圈及与都市圈实现耦合的城市区域空间范围之和。其次，空间结构特征不同。中心城市一般是以中心城区为核心的多圈层结构。都市圈是以中心城市为中心的多圈层结构，由中心城市及其邻近区域和中小城市组成，城市等级不同。城市群内部能有多个都市圈，其空间范围最大，其空间形状由空间范围决定。城市群内不同都市圈或中心城市之间联系较弱，边界也比较模糊。最后，经济发展水平不同。中心城市是经济高度发达的区域。都市圈由中心城市和邻近区域和中小城市组成，因此，都市圈经济发展水平较高，但低于中心城市。城市群经济发展水平由内部都市圈和不同发展水平的大中小城市共同决定。[1]

2.1.4 现阶段城市化的主要形态

国外区域经济的发展实践表明，城市化的过程发展形成了一批具有世界影响力的中心城市，并以中心城市为中心，通过联合与互动，形成地理空间上相互毗连、功能互补的具有全球影响的都市圈。在城市化进程推进的过程中，中国培育形成了一批具有影响力的中心城市。当前，都市圈同城化建设进入全面推进阶段。

---

[1] 参见马燕坤、肖金成：《都市区、都市圈与城市群的概念界定及其比较分析》，《经济与管理》2020年第1期。

中心城市和都市圈成为承载发展要素的主要空间形式。

1978 年改革开放之后，中国加快了城市化的进程。1980 年，国务院正式决定在广东省的深圳、珠海、汕头和福建省的厦门设立经济特区。1984 年 5 月，为进一步扩大对外开放，中共中央、国务院决定开放大连、秦皇岛、天津、烟台、青岛、连云港、上海、宁波、福州、广州、湛江、北海等 14 个沿海港口城市。1992 年，中央作出加快浦东开发开放的战略性决策。2010 年之后，国家提出了北京、天津、上海、广州、重庆、成都、武汉、郑州及西安等九大中心城市。中心城市通过发挥辐射和带动作用，带动区域经济发展。

随着中心城市规模的扩大，其产业链和产业转型升级等辐射扩散作用的发挥，都市圈逐渐形成。国家相继出台多项政策，促进都市圈发展。2019 年 2 月 19 日，国家发改委下发《培育发展现代化都市圈的指导意见》，指出"都市圈是城市群内部以超大特大城市或辐射带动功能强的大城市为中心、以 1 小时通勤圈为基本范围的城镇化空间形态"。除此之外，还提出"到 2022 年，都市圈同城化取得明显进展，基础设施一体化程度大幅提高，阻碍生产要素自由流动的行政壁垒和体制机制障碍基本消除。到 2035 年，现代化都市圈格局更加成熟，形成若干具有全球影响力的都市圈"。2019 年 12 月，《长江三角洲区域一体化发展规划纲要》提出"加快都市圈一体化发展，推动上海与近沪区域及苏锡常都市圈联动发展，构建上海大都市圈。以基础设施一体化和公共服务一卡通为着力点，加快南京、杭州、合肥、苏锡常、宁波都市圈建设，提升都市圈同城化水平"。2021 年 4 月《南京都市圈发展规划》获得国家发改委批复，表明中国的城市化进入了都市圈时代。

现阶段，中心城市和都市圈是城市化的两个基本形态。在相对发达的地区，都市圈成为城市化的主要形态；在相对次发达的地区，中心城市是城市化的主要形态。它们之间的一个重要区别是，都市圈内部要素和产业的关系，以辐射、溢出和分工为主；中心城市和周边地区要素和产业的关系，则是以集聚、吸纳和转移为主。

2.2 都市圈的空间结构特征

2.2.1 都市圈的客观界定

随着经济的发展和工业化的推进，都市圈这一城市化形式已成为推动社会经济发展的重要增长极。都市圈是以辐射带动功能强的中心城市为核心、与周边城镇在日常通勤和功能组织上存在密切联系的一体化地区。从空间形态和功能组织上看，都市圈本身并不存在既定的行政边界，科学合理的界定都市圈空间范围是都市圈规划建设的前提和基础。但是，尽管都市圈这一概念早在20世纪50年代就开始出现，但截至目前，学界对都市圈的概念界定、内涵及其划分标准都未形成一个统一的认识。

都市圈（metropolitan region）的概念最早起源于1951年的日本，其标志是日本学者木内信藏提出的"三地带"学说。该学说基于城市人口增减的截面变化与地域间结构的相关性，阐述了现代工业化与城市化发展状态，并认为该形态是城镇群体未来区域发展的重要空间组织形式，这一思想为后来"都市圈"概念的形成打下了重要基础。1954年，日本行政管理厅参照美国都市区的划分经验，又提出"标准城市地区"的概念。后经日本学者和政府多次的修正，最终将人口规模超过10万的中心城市，以及与中心城有着密切经济社会来往的外围区域（这些外围区域至中心城上班、上学的人占本地人口总数需达到15%以上的市镇村）所构成的整体被定义为都市圈。后来，随着城市功能地域被具体化为"都市圈层"，都市圈概念被进一步定义为：按一日时间为限定，能够接受中心城市（其人口规模需在10万以上）某一方面功能服务的地域范围。①

关于都市圈空间范围的界定标准，国外主要是采用了核心城市的人口和经济规模、外围地区的通勤率、城市化水平等指标。

---

① 参见卢中辉：《都市圈边缘区空间经济联系机理及效应研究》，博士论文，华中师范大学，2018年。

国内学者也从多个角度进行都市圈空间范围界定研究。任桐[①]、李璐等[②]、徐海贤等[③]对国内外都市圈空间范围的界定方法和标准进行了系统介绍。闫广华[④]采用断裂点模型对沈阳都市圈的范围进行研究。王明杰（2019）采用"1 小时通勤圈"和城市引力模型相结合的方法，尝试界定成都都市圈的空间范围。[⑤]上述研究成果为中国都市圈空间范围划定的科学性提供了坚实基础。然而，在都市圈规划研究和建设实践中，都市圈空间范围没有形成统一的标准。

本报告研究的上海都市圈空间范围是参照纽约大都市地区（通勤时空距离 60 公里左右）、巴黎大区（60—80 公里）、东京都市圈（100—150 公里）、伦敦都市圈（120 公里）的国际经验。综合《国家发展改革委关于培育发展现代化都市圈的指导意见》提出的"以 1 小时通勤圈为基本范围"，以虹桥枢纽为圆心，以 80 公里为半径划定上海都市圈的空间范围。

2.2.2　都市圈的多圈层结构

城市空间结构在不断演变的过程中，逐渐形成都市圈，都市圈是城市地域空间形态演化的高级形式。都市圈的圈层结构与城市的圈层结构类似，是城市圈层结构在超越中心城市空间距离的外延。圈层扩散是大城市地域空间发展的基本规律。杜能在《孤立国对于农业及国民经济之关系》一书中提出了著名的农业圈层理论，提出向心、环状分布的"杜能环"，认为城市郊区的农业经济活动，农业的布局会呈圈层式分布，将会以城市为中心，围绕城市呈向心环状分布。从中心向外，分别为自由农作区、林业

---

① 参见任桐：《都市圈空间范围界定》，硕士论文，东北师范大学，2006 年。
② 参见李璐、季建华：《都市圈空间界定方法研究》，《统计与决策》2007 年第 4 期。
③ 参见徐海贤、韦胜、孙中亚、高湛：《都市圈空间范围划定的方法体系研究》，《城乡规划》2019 年第 4 期。
④ 参见闫广华：《沈阳都市圈的范围及城镇空间分布的分形研究》，《地理科学》2016 年第 11 期。
⑤ 参见王明杰：《成都都市圈的空间范围试划界定及结构层次划分研究》，《成都行政学院学报》2019 年第 5 期。

区、轮作农业区、谷草农作区、三圃农作区和畜牧业区。^①伯吉斯（E. W. Bugress）1923年根据芝加哥城市土地利用结构提出同心圆理论。一个城市从它原来的中心扩展成一系列同心区域：第一圈是中心商业区，第二圈是过渡区，第三圈是工人住宅区，第四圈是居住区第五圈是通勤区。^②日本学者木内信藏于1951年提出"三地带"学说，认为大城市圈层是由中心地域、城市的周边地域和市郊外缘区域组成，它们从市中心向外有序排列。^③其思想进而被发展为"都市圈"理论。小林博通过对东京大都市圈的研究总结，将都市圈的地域概念划分为三个层次：第一层次以各种功能联系为主体的经济社会影响圈；第二层次，具有密切人流、物流联系的日常生活圈；第三层次，中小城市连续扩大的城市化地区。^④富田和晓将都市地区分为中心城、内圈和外圈三层，根据不同地域的人口占大城市圈总人口比例的增减将城市化过程分为"中心集聚、集聚扩大、初期扩大、扩散和扩散扩大"五个阶段。^⑤

都市圈的多圈层结构，是指都市圈在空间形态上有显著的圈层结构特征，不同等级规模的城镇环绕着中心城市呈圈层分布，进而形成紧密联系的城镇体系。都市圈多圈层结构的特征表明，都市圈是一个不断变化的区域实体，中心城市和周边区域有着密切的联系。这种联系呈现出"随着距离逐步衰减"的特征，距离核心圈层越近联系越紧密。都市圈在更大范围显现为围绕着核心区域的圈层空间分布结构（见图2.1）。

---

① 参见［美］冯·杜能：《孤立国对于农业及国民经济之关系》，吴衡康译，商务印刷馆1986年版。

② 参见McDonagh，J.，"Theories of Urban Land Use and their Application to the Christchurch Property Market"，Lincoln University，2007。

③ 参见［日］木内信藏：《都市地理学研究》，东京古今书院1951年版。

④ 参见［日］小林博：《阪神地方の都市化》，《地理》1960年第5期。

⑤ 转引自吴挺可、王智勇、黄亚平、周敏：《武汉城市圈的圈层聚散特征与引导策略研究》，《规划师》2020年第2期。

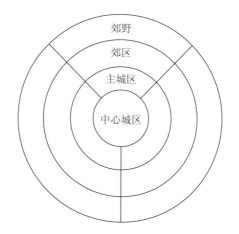

图 2.1

都市圈结构示意图

资料来源：陈斌，《都市圈圈层演化及其与交通发展的互动关系研究——以南京都市圈为例》，博士论文，南京林业大学，2018 年。

2.2.3　都市圈的多中心结构

　　都市圈在空间布局上呈现出多中心结构，是指在都市圈内可以形成多个城市中心，但大多是以一个中心城市为主，多个次中心城市为辅。中心城市是都市圈的经济中心或经济枢纽，发挥着增长极的作用，对周边区域产生较强的辐射带动作用。中心城市的人口规模一般较大，人口也较稠密，功能等级较高，能够带动和辐射周边城市的发展。次中心城市是功能齐全、对其周边区域具有辐射带动作用的独立综合性节点城市。

　　经济发展初期，城市经济发达区域具有较强的集聚效应，能够吸引大量优质资本和劳动力，此时政府为了使经济发展速度加快，也通常采取倾斜性优惠政策，加快核心区域的发展；当经济发展到一定阶段，核心区域由于较高的成本（包括劳动力成本、土地成本和交通成本）而产生较大的扩散效应，此时政府为了缩小核心区域与边缘区域的差距，减少过度集聚问题带来的矛盾和冲突，会将前期经济快速增长时积攒的财力转而投向落后的边缘区域，在市场力量和政府引导的双重作用下，经济地理呈现多中心结构。

　　由于核心区域高度拥挤导致土地成本、劳动力成本和商务成本上升，在市场机制的作用下，产业和人口向外围迁移。与此同时，生产者和消费者又都希望距离中心城市近一些，享受各种商品、服务、信息及文化的便利，于是在距离中心城市较近的具有较优越区位条件的区域就会形成城市次中心，而随着要素向次中心区域的集聚，最终集聚效应会促使次中心区域发展成为较大的城市，由此多中心都市区日趋形成。许多学者的研究都发现，政府部门跨地区交通干线的建设和基础设施投入在很大程度上促进了城市次中心的形成，产生所谓的"多中心都市圈"。[①]

2.3 都市圈的空间结构与城市功能

2.3.1 结构与功能互动

1. 城市功能的演化规律

在城市产生的早期阶段，当时经济社会发展以农业为主，城市中的产业以手工业为主。在此阶段，城市的功能主要是居住功能、政治功能和军事功能。

随着贸易的发展，部分城市成为重要的商业中心，城市的商业功能逐渐发展起来。进入工业社会以后，初期是工业生产功能占主导地位，城市的政治和军事功能开始相对弱化。随着工业社会继续发展，生产更加专业化，大量工厂企业向城市集聚，城市的数量和规模快速发展。此时，以产业功能为代表的经济功能开始逐渐成为城市的主要功能之一，带动城市成为就业中心，居住区围绕在就业位置附近。城市的主要功能演变为产业功能、职住功能、政治功能和军事功能。

随着生产活动高度集聚、分工的细化和城市化的推进，城市逐渐开始具备商业中心、金融中心、消费中心和文化中心的功能。在演进过程中，产业功能进一步提升。与此同时，社会问题日益为成为人们关注的焦点。城市的社会功能包括社会保障、基础设

[①]　参见孙晓芳：《城镇群空间结构与要素集聚》，《经济问题》2015 年第 1 期。

施、社会安全治理等，它们是城市健康运转的保障。城市的主要功能演变为产业功能、职住功能、社会功能。

在城市快速扩张的初期，生态问题没有受到重视。但随着可持续发展理念的不断深化，生态问题为各个国家所重视。城市生态功能不仅影响居民生活层面，也是城市扩大吸引力和提升竞争力的一个重要条件，城市生态功能不断得到强化。同时，随着物质生活水平的提高，人民对精神生活的需求进一步提高，文化实力是城市的软实力，城市文化功能日益重要。城市主要功能演变为产业功能、职住功能、社会功能、文化功能和生态功能。

2. 结构与功能的相互关系

在城市空间结构演变的历程中，产业功能、职住功能等城市功能提升对空间结构的形成产生重要作用，是城市空间结构演变的原因。同时，空间结构优化对城市功能的完善和提升有促进作用。

（1）城市功能决定空间结构。

空间结构是城市功能的载体，城市功能的演变推动都市圈空间结构的变化和形成。其一，产业发展有一定的规律性，产业功能提升带来产业结构升级和布局改变。都市圈优化产业布局，调整产业用地结构，进而空间结构改变。在空间结构形成的过程中，产业功能的提升起到了重要作用。其二，职住功能改变和提升影响空间结构的形成。在城市发展初期，就业和居住都集中在中心城区，造成中心城区极度拥挤的情况。随着职住功能向外迁移，逐步形成圈层或多中心的空间结构。其三，城市社会功能提升，需要更多类型功能丰富的基础设施和公共空间，改变城市开发规划，优化空间结构。其四，城市文化功能提升，加强对历史文化遗产和工业遗址的保护和再生，改变城市面貌和空间结构。其五，城市生态功能提升，减少对旧城区生态系统破坏，加强对绿化建设和生态环境保护，起到优化空间结构作用。

（2）空间结构优化对城市功能提升有促进作用。

空间结构是一切城市活动的基础。空间结构合理规划及布局，将对城市功能完善和提升产生积极影响，反之则会产生负面影响。其一，在产业发展的不同阶段，都市圈产业和生产力空间布局是否合理，是否符合经济发展阶段，对产业功能提升有重要影响。其二，居住和就业的空间结构布局是否合理，影响职住平衡。职住分离问题为社会各方面所重视。合理的空间结构规划有助于职住功能的提升。其三，城市社会功能的核心在于社会的健康运转和为居民提供良好的公共服务。类型丰富的多功能公共设施和公共空间布局，是提升社会功能的关键。其四，公共文化设施和建筑的空间布局是否合理，历史文化遗产和风貌保护形成的空间结构，会对城市文化能否满足居民需求、是否有吸引力产生重大影响，影响城市文化功能的发挥。其五，空间结构影响城市生态功能。自然生态结构是城市生态平衡的基础，自然生态和公共绿化水平等将对环境带来影响，进而对城市生态功能产生影响。

2.3.2 都市圈功能建设

在经济全球化和区域经济一体化发展的背景下，全球合作与竞争变得更为多元化，改变了以往以企业、城市或国家为基本单元的格局。一国参与国际竞争的能力取决于国家整体能力，而不是单一的产品或技术的竞争力。一国参与国际竞争不再以单一的城市为主体，现阶段主要表现为都市圈之间、区域之间的竞争。都市圈作为区域经济发展的主要载体和参与国际竞争的单元，其崛起及其带动作用已经成为推动一个国家或地区经济发展的核心动力之一。

2019 年 11 月，习近平总书记在上海考察时提出，上海应当强化全球资源配置功能、科技创新策源功能、高端产业引领功能和开放枢纽门户功能"四大功能"。在全球化和数字化背景下，"四大功能"建设能够很好地满足都市圈代表国家参与国际竞争定位的要求，也是都市圈功能建设的首要任务。

1. 全球资源配置功能

全球资源配置能力是指在全球范围内吸纳、集聚和配置资本、产业、技术与人才等能够满足经济社会发展的全球性资源和生产要素的能力。在全球化和信息化的背景下，全球资源的配置力和控制力反映了都市圈的整体实力和国际地位。全球资源配置功能是都市圈发展的全球化、创新性、高端化及开放性等特征和趋势的综合体现。其中，金融是全球资源配置功能的核心功能。伦敦、纽约、东京等都市圈的金融服务业在推动全球要素流动、聚集国际资源方面发挥着决定性作用。

2. 科技创新策源功能

科技创新活力是城市和都市圈发展的根本动力，也是实现高质量发展的重要动力。强化科技创新策源功能是都市圈参与国家竞争成败的关键。在当前新技术和颠覆性技术不断涌现的背景下，都市圈通过强化科技创新策源功能，在关键核心技术和前沿性基础技术进行布局，整合国内外跨学科、跨领域的创新资源，在更大范围内集聚、配置创新资源和创新要素。成为全球学术新思想、科学新发现、技术新发明的重要策源地，才能够在国际上引领科技创新的制高点和新兴产业发展。强化科技创新策源功能，都市圈只有成为关键前沿技术的战略供给地，最终才能引领全球科创发展新趋势。

3. 高端产业引领功能

在全球化背景下，国际竞争是全球价值链的竞争，国际分工演变为高科技产品在不同国家生产环节和价值链的分工。若处于全球价值链低端，则发展将受制于人，高端产业是现代产业体系的基础和支撑。发展高端产业关系到都市圈在全球的竞争力和影响力。只有强化高端产业引领功能，大力发展高端制造业和现代服务业，推动产业迈上全球价值链中高端，才能够在国际竞争中获得领先地位。

4. 开放枢纽门户功能

当前，虽然全球化进程受到"逆全球化"思潮的影响，但是，全球化的历史大势不可逆转，开放发展是全球经济发展的内在规律。同时，要强化全球资源配置功能必须开放市场，参与国际合作，科技创新策源离不开全球创新网络，高端产业引领更是必须参与全球产业链和价值链分工与合作。因而，都市圈需要强化门户型枢纽功能，积极地参与全球资源配置和产业链分工，为区域内的跨国公司的战略和创新提供机会，也要为其他区域的行动者进入全球市场提供路径。

在四大功能中，"强化全球资源配置"是重要条件，"强化科技创新策源"是根本动力，"强化高端产业引领"是重要抓手，"强化开放枢纽门户"是根本方向。四大功能深刻揭示了都市圈的全球化、创新性、高端化以及开放性等重要特征和趋势。

3

世界若干都市圈
空间结构的演化

在全球化背景下，纽约、伦敦、东京、巴黎、首尔等超大城市在全球资源配置等领域具有独特地位，共同构建了都市圈形态的全球战略性空间区域。本章依据前文的定义，以通勤距离、功能完备、联系紧密和层级显著等界定标志，研究五大都市圈空间结构演化过程。这些都市圈在不同的历史环境、社会经济、城市体系和政治背景中成长起来，它们的城市发展和功能结构演化逻辑具有一定的参考价值。

Against the backdrop of globalization, mega-cities such as New York, London, Tokyo, Paris, and Seoul have occupied unique positions in areas such as global resource allocation. These cities have constructed strategic global spatial regions in the form of metropolitan areas. Based on previous definitions, this chapter examines the evolutional process of the spatial structures of five metropolitan areas with the defining signs of commuting distance, functional completeness, close connection, and hierarchical significance. These metropolitan areas have grown up in different historical environments, socioeconomic urban systems, and political contexts. The evolutional logics of urban development and functional structure are of particular referential value.

3.1　伦敦都市圈的空间结构及其演化过程

　　广义的伦敦城市群是指以伦敦—利物浦为轴线，由伦敦、伯明翰、谢菲尔德、曼彻斯特、利物浦等大城市和中小城镇构成的范围，面积超过 4 万平方公里。伦敦的内部空间可以划分为三个圈层（图 3.1），第一个圈层即伦敦的中心区域，也称内伦敦，占地面积 300 多平方公里，包括了 12 个区及人们熟知的伦敦金融城；第二个圈层即伦敦市，也被称为大伦敦地区，是英国的一级行政区划之一，包括了 32 个伦敦自治市，占地面积 1 579 平方公里；第三个圈层为伦敦都市圈，包括伦敦及其附近区的 11 个郡，属于伦敦城市群的内圈，总面积 11 427 平方公里。[①]

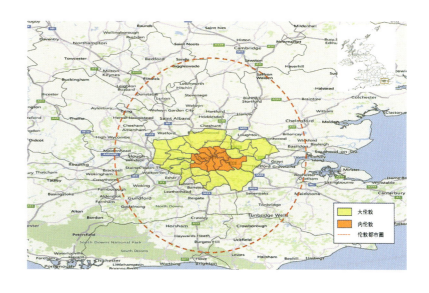

图 3.1
伦敦都市圈

资料来源：课题组绘制。

3.1.1　工业革命时期：无序蔓延

　　工业革命的发展推动了伦敦的城市化，促进了城市的空间集

---

① 数据来自邓汉华：《伦敦都市圈发展战略对建设武汉城市圈的启示》，《学理论》2011 年第 10 期。

聚，同时也引起了城市病。产业发展的需求导致了城市无序蔓延，以及企业与居民的外迁。伴随着交通设施的发展，旧城市规则的打破与新规划理念的出现，促成了城市建设的高密度和紧凑发展。城市高密度的无序增长，激化了伦敦城市内的各种矛盾，周边高密度的居住区成为城市病的重要载体。在此背景下，经典的"田园城市"概念应运而生，卫星城市方案的雏形在"自然生长"的城市发展中诞生。英国城市规划师霍华德于1898年开始在伦敦实践新的城市空间发展模式，以解决交通拥堵、环境恶化的城市病。霍华德设想了田园城市的群体组合模式：由六个单体田园城市围绕中心城市，构成城市组群，即所谓的"无贫民窟无烟尘的城市群"。其地理分布呈现行星体系特征，中心城市的规模略大，人口58 000人,面积也相应增大。城市之间以快速交通和即时迅捷的通信相连。各城市经济上独立，政治上联盟，文化上密切联系。霍华德田园城市的群体组合把城市和乡村统一成一个相互渗透的区域，形成一个多中心、整体化运作的城市系统（图 3.2）。

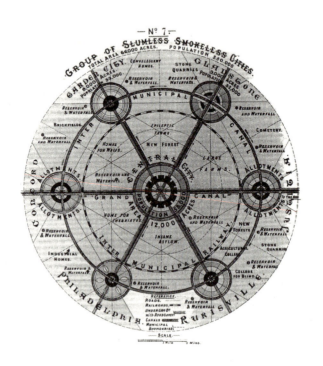

图 3.2
田园城市概念图

资料来源：Garden cities of to-morrow，Howard，Ebenezer，1946.

田园城市理念倡导工业从城市中心疏散出去，在疏散出去的工厂周围建设新城，把工作和生活组织在一个公共的环境里。城市增长部分由邻近的城市接纳，利用宽大的"绿带"围绕新城，阻止伦敦的无序扩张。这一时期，由于新形态的冲击，旧形态逐渐弱化，新旧形态处于混乱叠加的状态之中，城市空间形态复杂多样。可以说，工业革命后期，伦敦城市空间呈现扩散和集中并存的态势。

3.1.2　二战之后：空间紧缩发展，形态完整有序

作为工业革命的发源地，英国是世界上城市化起步最早的国家。早在 19 世纪 50 年代，英国的城市化率就超过 50%，到 20 世纪 90 年代，城市化率达到 75% 以上。伦敦都市圈的发展可以说是建立在规划理论之上的。[①]

伦敦都市圈的发展经历了集中、疏散、再集中的循环阶段，在都市圈规划过程中，政府充分运用法律手段予以支撑，起到了重要的引导作用。1937 年，为解决人口过于密集的问题，伦敦成立了巴罗委员会，始终坚持"调查—分析—规划"的实践方法。该时期的伦敦由于工业就业岗位的吸引，中心区的就业人数、居住人口不断增加。要想降低城市中心的密度，政府必须疏散伦敦中心地区的工业和人口。因此，委员会提出了设置"绿带"的手段，阻止中心城市用地无限蔓延。

二战结束后，伦敦城市亟待建设与发展。1944 年，艾伯克隆比（P. Abercrombie）借鉴了田园城市、区域规划、卫星城的相关规划理念，坚持整体规划、宏观把握，将伦敦市周边更大的区域纳入规划研究范围，提出"大伦敦规划"的概念。此次规划将伦敦周边区域的空间结构进一步抽象为单中心、同心圆环结构，并采取与之相配套的环形放射状交通网络。大伦敦规划面积约 6 371

---

① 　参见陈斌：《都市圈圈层演化及其与交通发展的互动关系研究》，博士论文，南京林业大学，2018 年。

平方公里，人口为 1 250 万人，规划范围主要在距离伦敦中央商务区（CBD）约 50 公里的半径圈层内，由内到外划分四个层级，即内圈、近郊圈、绿带圈和乡村外圈。内圈是控制工业、改造旧街坊、降低人口密度、恢复功能的地区；近郊圈的功能为建设良好的居住区和健全地方自治团体的地区；绿带圈的宽度约 16 公里，以农田和游憩地带为主，严格控制建设，构成一个限制城市蔓延的有效屏障；外圈建设 8 个具有工作场所和居住区的新城（图 3.3）。大伦敦规划方案从拥挤的内城疏散出 100 多万人口，其中，从中心地区迁移 40 万人至 8 个距离伦敦 20—35 英里的完全新建的城镇中，其余 60 万人迁往伦敦 30—50 英里外圈地区的现有小村镇。[①]

图 3.3
大伦敦规划（1944）

资料来源：van Roosmalen,
P. K. M., 1997, London1944：
Greater London Plan.

1946 年，《新城市法》的实施为英国城市建设开辟了新的法律空间和政策环境。伦敦在其 50 公里半径内新建了 8 座卫星城，解决了中心城区人口密度过大、住房拥挤、生产用地布局不合理的问题（图 3.4）。在建设中，新城强调"既能生活又能工作"的

---

① 参见王小莹：《构建可持续发展的城市形态——伦敦市城市形态的演替与思考》，《绿化与生活》2016 年第 7 期。

定位，在设施布局方面要求"内部平衡和自给自足"，出现了"职住平衡"的概念。为实现目标，8个伦敦新城主要以引入工业为主，注重功能的综合性，避免工业的单一性，提供大量就业岗位，配套基本服务设施，满足人们工作和日常生活的需要。

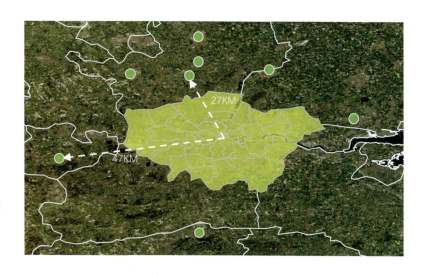

图 3.4
《新城市法》规划的伦敦周边的新城

资料来源：课题组绘制。

这一时期，伦敦的城市形态经历了较大调整，旧城空间的复合式结构向外围扩展，城市的内外空间同时发展。中心城的居民迁出与新城的建设相辅相成，城市形态呈现科学有序的发展特点。空间紧缩发展、形态完整有序，成为这一时期伦敦城市空间发展的主要特征。[①]

3.1.3　1970—1990 年：空间布局均衡发展

随着伦敦社会经济的发展，逆城市化现象出现，内城逐渐衰落。为解决这一问题，大伦敦议会于 1969 年编制了新的"大伦敦发展规划"，提出由建设新城转向辅助内城发展的战略。经济上，

[①]　参见王小莹：《构建可持续发展的城市形态——伦敦市城市形态的演替与思考》，《绿化与生活》2016 年第 7 期。

规定各产业平衡发展、合理布局；交通上，试图改变1944年大伦敦规划中同心圆封闭布局模式，使城市沿着三条主要快速交通干线向外扩展并形成三条走廊地带，通过建设三座离心作用的城市，在更大的区域范围内解决经济、人口的合理布局问题。这一时期城市形态由集中化发展转变为分散性的集中，这种结构的变化是一个有机疏散的过程。城市形态的转变也引起了内城在经济集中压力下的转变，城市均衡稳定的发展得益于城市形态的科学有序，新城的集中发展反作用于内城的建设，城市发展进入支持与博弈的过程。

1970年，英国着手完善实现大城市疏解和卫星城建设的相关政策体系。此时新城的功能也从转移过剩人口和工业转向协助恢复内城经济。例如，1978年颁布的《内城法》制定了开展伦敦旧城改造和保护，避免城市无序扩张的相关条款。此后，伦敦的城市空间布局开始均衡发展，形态趋于稳定。

3.1.4 20世纪90年代之后：空间领域扩大，都市圈格局成熟

经历了半个世纪的人口衰退后，伦敦出现城市复兴，但城市贫困的集聚现象依然非常严重，废弃和被隔离的住房困扰着伦敦城市片区的发展。1991年，伦敦政府开展更大规模的重建计划：泰晤士河门户地区的城市复苏，更新一个超过30英里长的廊道，同时也激起了城市区域规划的浪潮。[1]1992年，伦敦出台了"伦敦战略规划白皮书"，突出体现了重视经济振兴、强化交通与开发方向的关联性、重视有活力的都市结构，以及重视环境、经济和社会可持续发展能力的思想，标志着伦敦都市圈规划进入了现代成熟规划阶段。1994年，伦敦战略规划委员会为强化伦敦作为世界城市的作用和地位，发布了新一轮的"伦敦战略规划建议书"。建议书强调了伦敦世界城市的定位，明确了伦敦大都市圈和东南

---

[1] 参见王小莹：《构建可持续发展的城市形态——伦敦市城市形态的演替与思考》，《绿化与生活》2016年第7期。

部地方规划圈之间的关系和发展战略。这一建议书的主要内容包括四个方面：第一，重视经济的重新振兴；第二，提高生活质量；第三，提升面向未来的持续发展能力；第四，为每个人提供均等发展机会。关于城市结构的组织和发展，在保持原有政策的基础上，该建议书强化了城市中心的重振，城市间网络的联系，以及绿化带和河流在城市景观中的作用。关于交通规划，该建议书以削减总的交通流量为发展目标，具体措施是：促进交通方式的改变；有效利用能源；提高环境质量；对中心区交通进行管制，减少中心区的噪音；提倡发展公共交通等。

1997 年，民间规划组织"伦敦规划咨询委员会"发表了为大伦敦所做的战略规划，该战略规划涵盖伦敦经济、社会、空间和环境的发展，提出以"强大的经济""高水准的生活""可持续发展的未来"和"为所有人提供机遇"的都市圈发展的规划目标，体现了分区差异化的规划思路。

2001 年，"区域规划指引"修订版发布，提出以伦敦为区域中心建立区域规划联盟，由伦敦城和其他 32 个行政区共同组成大伦敦都市圈，伦敦突破了城市建设的单一发展模式，向更广区域发展。2004 年 2 月，由大伦敦政府正式向全社会颁布"大伦敦空间发展战略"。战略首次提出了伦敦都市圈的五大分区和五大现代服务业功能区，通过兼顾各次区域之间的联系与发展，寻求一条区域整合的、多中心的路径来实现其发展目标，进一步促成了伦

图 3.5
伦敦空间发展战略
（2004）

资料来源：大伦敦政府。

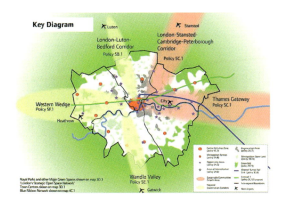

敦都市圈的形成和发展。至此，伦敦的城市空间领域进一步扩大，形态发展多样化并存（图 3.5）。2021 年，大伦敦地区议会发布了最新版的"大伦敦空间发展战略"，强调了伦敦外城区为城市发展提供的潜力，做实了伦敦都市圈空间一体化的发展框架（图 3.6）。

图 3.6
伦敦空间发展战略
（2021）

资料来源：大伦敦政府。

3.2　纽约都市圈的空间结构及其演化过程

纽约都市圈作为典型的全球城市区域，具有显著的紧密关联的多层次空间格局特征。纽约都市圈即纽约—新泽西—康涅狄格大都市区，包括纽约州、新泽西州和康涅狄格州的部分区域，共 31 个县，约 1 600 个城镇和乡村居民点，2018 年有近 2 300 万人口，面积近 3.4 万平方公里，在空间尺度上约等于上海加上江苏四市（苏州、无锡、常州、南通，3.3 万平方公里）的面积（图 3.7）。作为纽约都市圈核心的纽约市（简称 NYC），面积约 1 214 平方公里，其中陆地面积 784 平方公里，2018 年约有 840 万人口，在空间尺度上小于上海主城区。在纽约都市圈内，有一个都市统计区（MSA）的概念，由纽约市及纽约州、新泽西州与宾夕法尼亚州的部分区域（共 25 个县）共同组成，面积超过 1.7 万平方公里，2010 年普查人口数为 1 958 万人。在纽约都市圈之外还有一个共识

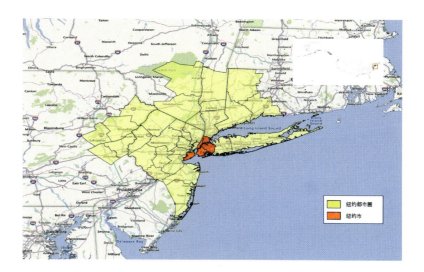

图 3.7
纽约都市圈

资料来源：课题组绘制。

度很高的美国东北部大西洋沿岸城市群，称为"东北巨型都市区域"（northeast megaregion），包括波士顿大都市区、纽约大都市区、德拉维尔河谷区（费城及周边）、巴尔的摩都市区、华盛顿首都区，面积 13.8 万平方公里，人口超过 5 000 万（图 3.8）。

在郊区化的推动下，纽约都市圈的发展过程大致可以分为四个阶段。

图 3.8
东北巨型都市区域（大西洋沿岸城市群）

资料来源：课题组绘制。

3.2.1　1870 年之前：空间分布松散

　　20 世纪前，虽然农业是整个美国的主导产业，但正处于起步阶段的工业吸引了大量的农村人口集聚到城市，纽约市的集聚效应使其规模迅速成长，为郊区化奠定了基础。由于城市间的联系较少，纽约都市圈内城市呈现出松散分布的状态。[①] 纽约都市圈内有多条河流及多处海湾，如哈德逊河、东河、哈林河、纽瓦克湾、纽约湾等，城市可用土地分割严重，可用空间局促，城市发展和交通的组织受到很大限制，这是自然因素对城市空间发展影响力的体现。纽约早期的城市空间主要集中在曼哈顿区，但除了北部的布朗克斯区直接与曼哈顿相连，其余各区都没有直接联系。因此，尽管这一时期纽约的空间结构已经形成，但区域内的各城镇因受自然条件的约束，彼此在空间上相互独立，行政管理和经济发展之间的联系也不紧密。

3.2.2　1870 年至二战后：单中心集聚

　　自 20 世纪起，重工业成为纽约经济发展的核心，地区间路网的不断完善使城郊间的交流更加密切。随着纽约城市化水平的日益提高，社会经济逐渐步入工业化后期，非农劳动人口比例迅速增加。第一次世界大战后，郊区的迅速成长开启了纽约市郊区化的历程。

　　纽约市早期的城区只局限在曼哈顿地区，1898 年通过联合、重组、兼并，形成了五个辖区的空间格局，人口和土地面积大幅增加，曼哈顿与周围地区实现了行政上的统一。行政区划的成功调整为纽约的快速发展奠定了基础，与此同时，一系列大型交通基础设施的建设方便了各辖区之间的联系。现代交通技术手段使得天然的河流、海湾不再成为分割城市的障碍，都市圈一体化格

---

① 　参见周海燕：《北京市建设世界城市的空间发展道路研究》，硕士论文，中国地质大学（北京），2012 年。

局逐渐成型。

据统计，从 1900 年到 20 世纪 50 年代中期，纽约都市圈的人口由 550 万人增加到 1 500 万人，建成区由 363 平方公里扩展到 2 850 平方公里，即 3 倍的人口增长使城市建成区面积扩大了 8 倍。这些新兴郊区大多建在通勤铁路沿线和主要道路的交汇处，在都市圈内形成串珠状的城镇空间分布格局。[①] 这一时期，纽约城市的外延扩张方式主要是单中心的圈层式发展。

20 世纪 20 年代，纽约的交通基础设施发展迅速，市民的通勤范围扩大至哈德逊河谷、康涅狄格州乃至长岛和新泽西州的新兴郊区社区。在此阶段，纽约区域规划协会（Regional Plan Association，RPA）于 1929 年进行了第一次区域规划，以应对纽约及周边地区非结构化的爆炸性增长。此次规划聚焦"再中心化"（recentralization），解决郊区化背景之下城市的无序发展、蔓延、缺少公共空间等问题。规划范围为以纽约为核心，半径 40—50 英里（64—80 公里）范围内与之在经济、交通和开放空间高度关联的 22 个县，包括新泽西州和康涅狄格州，区域面积约为 1 4317 平方公里，人口约 897.9 万人。图 3.9 为纽约都市圈第一次规划图，该规划描述了纽约—新泽西—康涅狄格都市圈引人注目的未来发展前景，并从人口增长、道路通达、土地利用与建筑规模四个大方向对纽约都市圈进行了较为细致的规划。

图 3.9
纽约都市圈第一次区域规划

资料来源：RPA，1929，"The Regional Plan of New York and Its Environs"，New York.

---

① 参见安静文：《世界城市空间结构比较及其对北京的启示》，硕士论文，首都经济贸易大学，2011 年。

3.2.3　1950—1990年：郊区化蔓延

　　第二次世界大战后，纽约市民为追求更好的生活环境，由市中心迁往郊区，纽约开始了城市居住功能的郊区化。随后科技革命、知识经济的发展使纽约的产业结构向知识密集型转变，中心城区产业结构不断优化。在服务业不断向曼哈顿集中的同时，中心城区的部分制造业也逐步迁至郊区。随着汽车在生活中的普及和道路建设的发展，纽约市的郊区化发展摆脱了对交通干线的依赖，都市圈呈面状向外蔓延。这个阶段的郊区化彻底改变了纽约都市圈的人口分布和空间格局，拓展了城市范围，传统的交通与空间组织方式也发生了根本性的改变（图3.10）。高速、无序的郊区化使土地利用效率低下，形成了与中心城截然不同的城市景观。[①]

图3.10
纽约都市圈1960年和1990年的人口分布

资料来源：RPA，纽约都市圈第二次及第三次区域规划。

　　面对20世纪60年代纽约快速郊区化所带来的一系列问题，RPA于1968年完成了第二次纽约区域规划。该规划聚焦"再集中"（recentralization），试图将无约束的蔓延集中到一个区域城市群中。第二次区域规划提出了重构交通网络、建立新中心、促进混合居住和保护开敞空间等措施，并通过广泛的公众参与回应了市民的主要关切。自第二版区域规划以来，纽约都市圈的规划范围扩展到3个州的31个县，面积扩大为33 022.5平方公里，涉及

---

① 参见安静文：《世界城市空间结构比较及其对北京的启示》，硕士论文，首都经济贸易大学，2011年。

图 3.11

纽约都市圈第二次区域规划

资料来源：RPA, 1968, "The Second Regional Plan：A Draft for Discussion", New York.

县的数目达 31 个，基本形成了今日的纽约都市圈（图 3.11）。

3.2.4　1990 年之后：多中心的区域一体化

　　1991 年，由 Joel Garreau 撰写的《边缘城市新前沿的生活》[①]一书中提出了"边缘城市"的概念，即在原有的城市周边郊区基础上形成的具备就业场所、购物、娱乐等城市功能的新城。作为郊区化的一个阶段和郊区的一种形态，边缘城市对于疏解中心城区人口、就业、资源等多方面压力起到了重要作用。如今，纽约四周有许多边缘城镇，包括被视为纽约"卧室"的长岛以及与纽约市相邻的新泽西州的一些城镇。[②]

　　在最近的两次区域规划中，纽约都市圈空间结构逐渐稳定，都市圈规划内涵不断丰富的同时，多中心的区域一体化格局也日渐强化。第三次区域规划于 1996 年提出，规划范围约 33 000 平方公里，涉及 31 个县，规划人口约 2 000 万，纽约都市圈的范围已基本定型（图 3.12）。此次规划的主题是"面临危机的区域"

[①]　参见 Garreau，J.，1991，*Edge City：Life on the New Frontier*，New York：Doubleday.

[②]　参见安静文：《世界城市空间结构比较及其对北京的启示》，硕士论文，首都经济贸易大学，2011 年。

图 3.12

纽约都市圈第三次区域规划

资料来源: RPA, 1996, "A Region at Risk: The Third Regional Plan", New York.

（a region at risk）。20 世纪 90 年代初期，纽约经历了严重的经济衰退，1989—1992 年，地区减少了 77 万个工作岗位，贫富差距和种族隔阂等社会分化问题日益严重。为应对可持续增长和全球地位挑战，规划聚焦"3E"，即"经济、公平、环境"（economy，equity，environment）。该规划重新定义了繁荣，充分考虑了社会环境成本收益的经济增长，要求提高城市与区域的生活质量，促进可持续发展。规划提出了"五大方略"——绿地、区域中心、通达、劳动力和管制，通过再绿化（re-greening）、再连接（re-connecting）、再中心化（re-centering），重新赋予区域活力。

第四次区域规划的主题是"让该地区为我们所有人服务"（making the region work for all of us）。随着 2008 年金融危机、2011 年和 2012 年飓风"艾琳"和"桑迪"等事件造成巨大破坏，纽约都市圈面临增长模式变化带来的区域发展失衡、收入不平等、机构体制制约，以及韧性可靠的公共服务供给等问题。为应对社会分配失衡和自然灾害的挑战，2017 年发布的第四次区域规划聚焦"重建公共机构"（creating and recreating public institutions），以实现"公平、繁荣、健康和可持续发展"四大核心目标。规划提出并实施"机构改革、气候变化、交通运输和可负担性住房"4 个领域共 61 项具体的行动计划。总体来看，规划目标从前三版区域规划的"以物质空间为主"转变为"以人为本",并且注重突出重点与有限目标(图 3.13)。

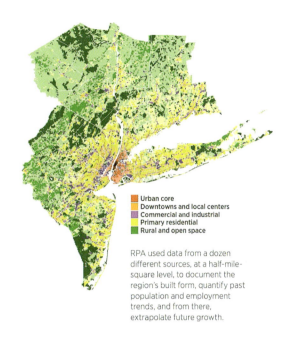

图 3.13
纽约都市圈第四次区域规划

资料来源:RPA,2017,"The Fourth Regional Plan Making the Region Work for All of Us",New York.

Urban core
Downtowns and local centers
Commercial and industrial
Primary residential
Rural and open space

RPA used data from a dozen different sources, at a half-mile-square level, to document the region's built form, quantify past population and employment trends, and from there, extrapolate future growth.

3.3　巴黎都市圈的空间结构及其演化过程

巴黎是法国的首都,也是法国人口规模最大的城市。从空间上看,巴黎都市圈包含了三个圈层:一是最初的巴黎市。二是巴黎大都市区:法国中央政府于 2014 年批准由原先的巴黎市和周边的近郊三省合并成为巴黎大都市区,面积约 762 平方公里,人口约 660 万。三是巴黎都市圈,即巴黎大区、"法兰西岛"区域:由巴黎大都市区与周边四省组成,面积约 1.2 万平方公里,人口约 1 200 万(图 3.14)。

从功能上看,巴黎都市圈又可划分为建成区和通勤区两个圈层。其中,建成区是高度城市化的地区,人口规模约 400 万。通勤区的范围略大于法兰西岛的行政边界,尤其是在北面和西面两个方向上,人口规模约 1 000 万。通勤区范围内至少有 40% 的居

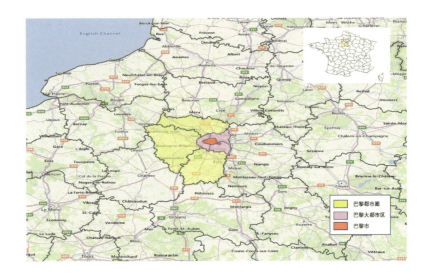

图 3.14
巴黎都市圈

资料来源：课题组绘制。

民在巴黎市工作。[①]

巴黎都市圈的城市空间先后经历了"无序扩张—限制发展—区域协调—强化中心"四个阶段。

3.3.1　1960 年前：无序扩张

二战前，和其他重要城市一样，巴黎也经历了城市的急剧扩张和郊区的无序蔓延，面临人口急剧增长、城市中心拥堵、居住

图 3.15
巴黎城市的扩张：
1939—1960 年

资料来源：Alduy, J. P., 1979, "L'aménagement de la région de Paris entre 1930 et 1975：de la Planification à la Politique Urbaine", *Sociologie du Travail*，21(2)167-200.

---

① 参见严涵、聂梦遥、沈璐：《大巴黎区域规划和空间治理研究》，《上海城市规划》2014 年第 6 期。

环境恶化等城市问题。法国于 1934 年颁布了第一个区域规划"巴黎地区详细规划",旨在构建环形放射状的道路网络,划定非建设用地来限制城市郊区的无限蔓延。二战后,法国也实施了一系列规划政策,但城市的扩张仍然难以控制(图 3.15)。

3.3.2　20 世纪 60 年代:限制扩张

在法国战后快速恢复和振兴的大背景下,巴黎的规划不断遭受城市扩张的挑战。自 20 世纪 60 年代法国建立起现代城市规划体系后,受到当时欧美普遍的新自由主义思潮的影响,规划的主导思想和首要目标就是通过去中央集权化来限制巴黎的发展,既包括人口的疏散,也包括以企业、高等学校等机构为代表的功能上的疏散(图 3.16)。同时,国家通过给予区域和地方政府更多权力来平衡全国层面的发展。[①]

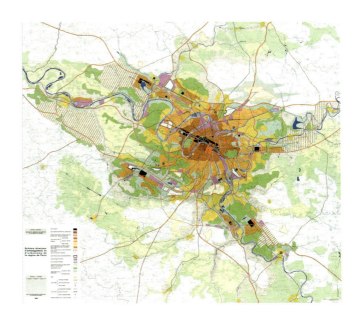

图 3.16
巴黎 1965 年土地利用规划图

资料来源:Schéma directeur d'aménagement et d'urbanisme de la région de Paris (SDAURP).

---

① 参见严涵、聂梦遥、沈璐:《大巴黎区域规划和空间治理研究》,《上海城市规划》2014 年第 6 期。

3.3.3 1970—2000 年：区域协调

1974 年，为应对巴黎的无序蔓延，法国政府设立了巴黎大区这一新的行政层级，即"法兰西岛"，包括巴黎市、近郊三省及远郊四省，面积约 1.2 万平方公里，也即今天的巴黎都市圈。巴黎大区的成立意义在于更大范围内协调巴黎与周边地区的发展，政府的职责在于制定整个管辖区域的发展战略并监督其实施，其历次战略规划的主要目标均是摒弃巴黎传统单中心放射状的空间格局，在大区尺度上引导一种以巴黎市为中心、许多新的城市节点在其外围环绕的多中心的大都市圈空间结构（图 3.17）。在这些规划中，主要的策略是通过对新的基础设施及大型建设项目（如机场、CBD 等）的大规模投资来引导新的城市节点发展，从而改变长期以来巴黎的单中心结构。[1]

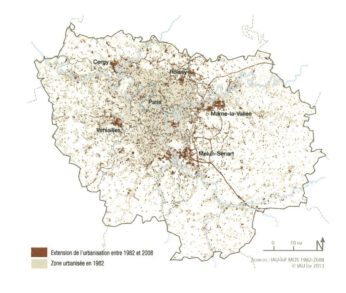

图 3.17
巴黎的城市化：
1982—2008 年

资料来源：
Île-de-France 2030.

3.3.4 21 世纪后：集聚与平衡

21 世纪后，巴黎在强化中心与区域平衡之间协调发展。受全

---

[1] 参见严涵、聂梦遥、沈璐：《大巴黎区域规划和空间治理研究》，《上海城市规划》2014 年第 6 期。

球金融危机和主权债务危机影响，法国发展降速，巴黎的经济增长也趋于停滞，竞争力和吸引力明显下降。自20世纪90年代末期起，巴黎出现了严重的"住房危机"，住房价格昂贵，市中心社会住宅紧缺，居住条件不佳。受居住环境质量下降的影响，居民开始大量外迁。因此，中央政府最终决定扭转巴黎长期以来权力分散的形势，恢复其国际竞争力，故通过一系列措施推动形成了都市圈范式。具体的措施包括：合并巴黎市及其近郊三省为巴黎都市圈，突出巴黎的核心作用，在更大范围内整合发展；在巴黎都市圈外围，鼓励自治市镇联盟进一步发展扩大，减少市镇一级行政主体的数量，整合规划权力；应对进一步城市化的需求以及住房紧缺问题，构建一个多中心的都市圈结构以满足居民职住接近的需求，同时防止城市发展无序蔓延（图3.18）。

图 3.18
巴黎都市圈空间规划

资料来源：Île-de-France 2030.

3.4　东京都市圈的空间结构及其演化过程

东京都市圈自1958年首次划定以来，范围不断扩大。其空间结构可以划分为三个层次：第一圈层是以东京都为中心的核心圈层。第二圈层为东京都市圈，即东京都 30 公里范围内的一都三县（东京都、埼玉县、千叶县、神奈川县）。该区域面积 1.35 万平方公里（占全国 3.5%），人口 3 661 万人（占全国 28.9%），是日本经济最为发达的地区。第三圈层是日本首都圈圈层，包括东京都市圈与周边四县，总面积为 3.69 万平方公里（占全国 9.8%），人口 4 383 万人（占全国 34.5%），产值占日本全国 38.1%，具有重要的经济地位（图 3.19）。

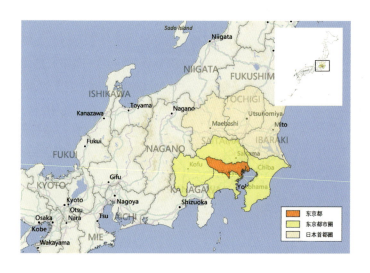

图 3.19
东京都市圈

资料来源：课题组绘制。

作为一个中央集权国家，日本中央和地方政府在都市圈的发展过程中起到了重要作用，其发挥作用的主要途径是利用具有法律效力的城市规划对都市圈产业、人口空间布局进行调控。从空间演化过程来看，东京都市圈大致经历了紧凑发展——级集中——多中心圈层三个阶段。[①]

3.4.1　二战后：紧凑发展

二战后，东京都的城市人口增长迅速，超过了早期的规划限

---

① 参见王涛：《东京都市圈的演化发展及其机制》，《日本研究》2014 年第 1 期。

制。同时，大量的人口也自东京都外迁，东京都通勤圈不断扩大，超越了行政区划的范围。在人口和工业集聚、城市化地区扩大的背景下，日本政府于 1956 年颁布了《国家首都地区发展法》，并进一步于 1958 年参照大伦敦规划，制定了"第一次首都圈建设规划"。规划范围涉及东京都和国都地区的 7 个都道府县，涵盖了东京站 100 公里以内的区域。此次规划仿照英国的大伦敦规划，以东京都中心 10—15 公里区域作为城市建成区，城市建成区外围 8—10 公里规划为绿带，以绿带作为城市扩张的界限，防止城市无限制向外蔓延。绿带外再建设新的工业城市，形成圈层发展的结构（图 3.20）。[1]

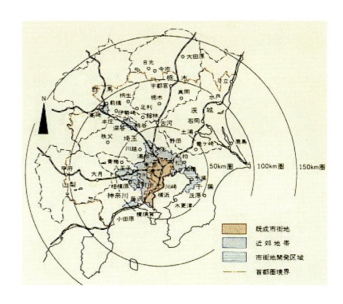

图 3.20
东京都市圈用地分类
（1958）

资料来源：東京都都市整備局『東京の都市づくりのあゆみ』，2019 年。

3.4.2　1960—1980 年：一极集中

面对日益扩张的东京建成区以及失败的绿带规划，日本政府于 1968 年在《第二次首都圈建设规划》中对绿带规划做出了调整。此次规划将东京的部分功能分散到周边地域以减轻东京的压

---

① 参见王涛：《东京都市圈的演化发展及其机制》，《日本研究》2014 年第 1 期。

力。在城市规划上，政府不再强调以绿带限制东京城市的扩张，而是代之以近郊整备地带的概念，即在近郊预留足够多的空地以备有序开发，同时在空地中保留足够多的绿地（图 3.21）。为了疏散东京的功能，政府在此时期建设了大量的铁路与公路以连接区域内各主要城市。由于东京的强大吸引力，分散东京功能的目的并没有能够立即实现，大量产业与人口仍然向东京集聚，东京都市圈日益呈现出"一极集中"的发展格局。至 1970 年，东京建成区面积已达 877 平方公里，沿交通线蔓延的建成区使东京面临无限扩张的问题。[①]

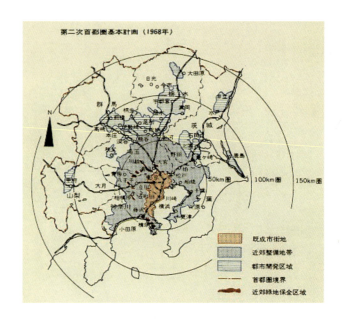

图 3.21
东京都市圈用地分类
（1969）

资料来源：東京都都市整備局『東京の都市づくりのあゆみ』，2019 年。

3.4.3　1980 年之后："多中心圈层"发展

由于人口和产业的集中，东京成为推动日本经济增长的引擎，也为提高日本的国际地位作出了巨大贡献。然而，由于东京的人口集中而产生的各种城市问题，如地价飞涨、交通严重拥堵等，

---

① 参见王涛：《东京都市圈的演化发展及其机制》，《日本研究》2014 年第 1 期。

成为亟待政府解决的难题。1976 年，国土综合开发厅出台"第三次首都圈建设规划"，提出通过建立区域内多级结构的城市复合体共同承担东京的各项职能，代替"一极集中"的东京。1982 年，东京都政府在第一次长期规划中，提出纠正市中心功能集中的目标，形成多中心城市，将商业功能分散到东京的次中心和多摩的中心地区，实现职住平衡（图 3.22）。第二次长期规划又进一步规划了新的城市副中心，强调都市圈内存在多个核心城市，形成多级结构的广域城市复合体，这些城市各有分工又保持相对独立。东京都市圈依此路径，空间发展更加强调次中心城市的发展以及城市之间的自立和分工互补。新城的建设既缓解了东京城区的压力，也为产业分工提供了空间载体。这种分散型多心多核的模式改变了以往中心城市与周边城市之间的直线放射状空间结构，通过加强连接次中心城市之间的广域道路体系建设，将部分职能疏散至次中心城市并形成城市之间的分工，疏解了单一核心城区产业与人口过于集中的巨大压力，形成了都市圈内城市之间网络化结构。[①]21 世纪，东京提出了打造循环型超大型都市结构的设想，在首都圈高速公路所包围的区域内，利用人流和功能集中的优势，最大限度地发挥首都功能（图 3.23）。

图 3.22
东京都市圈多中心结构
（1986）

资料来源：東京都都市整備局『東京の都市づくりのあゆみ』，2019 年。

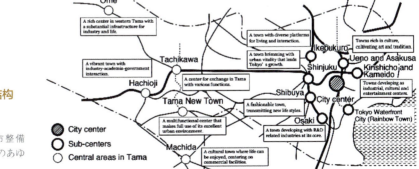

---

① 参见王涛：《东京都市圈的演化发展及其机制》，《日本研究》2014 年第 1 期。

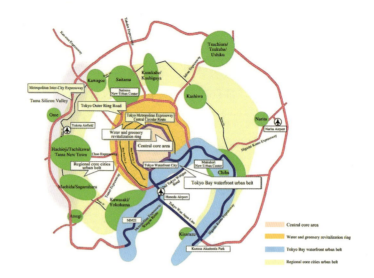

图 3.23
环形都市圈结构（2000）

资料来源：東京都都市整備局『東京の都市づくりのあゆみ』，2019 年。

3.5 首尔都市圈的空间结构及其演化过程

首尔都市圈以首尔特别市为中心，覆盖了仁川特别市、京畿道及周围一些小城市，面积 11 726 平方公里，约占韩国国土面积的 11.8%，2016 年人口达到 2 500 万，接近韩国人口的一半，是韩国的政治、经济、文化、科技中心（图 3.24）。

伴随着城市功能布局的调整，首尔都市圈的发展大致可以划分为三个阶段。

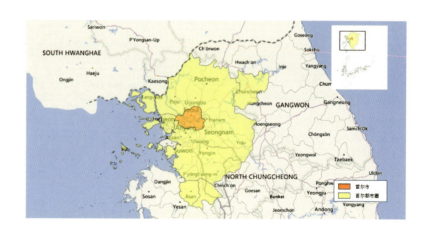

图 3.24
首尔都市圈

资料来源：课题组绘制。

3.5.1　1960—1970 年：单中心集聚

　　1960—1970 年是首尔市城市化的起步阶段，首尔市成为首尔都市圈及全国的发展核心。此时的首尔拥有大量的就业机会与就业岗位，成为这一阶段韩国最具吸引力的城市。都市圈内的人口与经济的增长几乎都集聚到了首尔市，都市圈呈现以首尔为中心的单中心集聚形态。1960 的首尔都市圈与首尔市的人口为 519.4 万人与 244.5 万人，到 1970 年分别增长到了 887.9 万人与 552.5 万人，实现了翻倍增长。[①] 快速的城市化产生了首尔的"虹吸效应"，大量农村人口外迁，周边中小城市人口减少（图 3.25）。

图 3.25
首尔都市圈人口流动
（1970—1995）

资料来源：赵丛霞、金广君、周鹏光，《首尔的扩张与韩国的城市发展政策》，《城市问题》2007 年第 1 期。

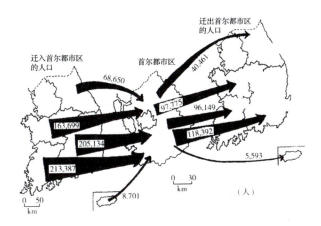

　　与其他全球城市一样，短期快速的集聚也给首尔带来了用地紧张、资源短缺、环境污染、基础设施不足、房价飞涨、交通拥挤等城市问题。人口的爆炸式增长导致了教育等公共资源的不足，外来人口的迁入也引起了治安、卫生、住房等一系列社会问题，交通压力逐渐凸显。韩国政府为应对城市的急剧扩张，对首尔的城市范围进行了扩张，由最初的 268.35 平方公里增加到 627.06 平方公里。

---

① 　参见闫厉：《多层次轨道交通导向下的都市圈空间结构发展研究》，硕士论文，天津大学，2018 年。

3.5.2 1970—1990 年：都市圈功能疏散阶段

1970 年之后，首尔都市圈经历了快速城市化阶段。1980 年首尔都市圈与首尔特别市的人口分别增长到了 1 328 万人与 835 万人。其中，首尔特别市增长了约 280 万人，京畿道增长了约 160 万人。为应对首尔都市圈人口爆炸性增长、城市职能复杂的问题，韩国政府借鉴大伦敦规划，于 1970 年颁布了《城市规划法》，通过设立绿带隔离母城与卫星城的做法，在首尔周边区域设置开发限制区域，随后又确定了通过建设卫星城市分散人口的政策，促进区域协同发展（图 3.26）。在经历了限制发展—分散发展—新城建设的探索之后，韩国政府于 1982 年颁布《首都圈整备规划法》，第一次提出首尔都市圈的概念，将京畿道各个城市与首尔、仁川特别市一起纳入首都圈的管理范围。这一阶段，都市圈着力打造仁川副中心。通过在产业倾斜、政策支持、基础设施建设等诸多方面的努力，仁川的发展初具规模。在此过程中，地铁线路的运营起到了重要的作用。通过多条轨道线路形成的轨道走廊将首尔、仁川两个发展核心连接起来，形成人口与经济快速增长的发展轴，都市圈连接成片。[①]

图 3.26
**首尔都市圈新城建设
（1988）**

资料来源：Kwon Yongwoo, Lee Jawon., 1997, "Residential Mobility in the Seoul Metropolitan Region, Korea", *GEO Journal*，（4）：390.

---

① 参见闫厉：《多层次轨道交通导向下的都市圈空间结构发展研究》，硕士论文，天津大学，2018 年。

3.5.3　1990 年之后：多中心圈层化

　　首尔都市圈发展过程一直伴随着新城建设计划的实施和调整。仁川市建设的成功加速了都市圈建设新城的步伐，这一阶段都市圈涌现出了一批功能完善、环境良好的新城市。发展初期，因这些新城提供了远远优于首尔市的居住条件，兴建了大片的居住区，故出现了职住严重不平衡的现象，新城成为首尔的"卧城"。1990 年，首尔特别市人口达到了 1 060 万人。至 2000 年，都市圈的人口由 1 857 万增长到了 2 126 万。而随着周边新城大规模的建设，首尔特别市首次出现了人口负增长现象，人口数于 1995 年下降到了 1 020 万，到 2000 年下降到了 985 万。人口向都市圈迁移的目的地由首尔转变为位于京畿道的卫星城市。由于大多数新城居民需每日往返于新城和母城之间，小汽车成为主要的交通工具，首尔的对外交通压力骤增，高速公路网络已无法满足通勤需求，交通拥堵、能源浪费、环境污染、公共设施负担加重等问题显现。为进一步控制城市的无序发展，韩国政府对都市圈进行了整治规划（图 3.27）。此后，首尔开始大力兴建城市轨道交通的通勤线路，掀起了第二个轨道交通大发展的高潮。轨道的建设与人口的增加提升了新城公共服务设施配置和产业的发展，使之开始逐渐成为区域发展中心。[①]

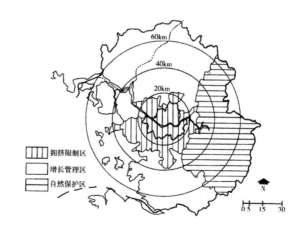

图 3.27
首尔都市圈功能分区
（1993）

资料来源：赵丛霞、金广君、周鹏光，《首尔的扩张与韩国的城市发展政策》，《城市问题》2007 年第 1 期。

[①]　参见闫厉：《多层次轨道交通导向下的都市圈空间结构发展研究》，硕士论文，天津大学，2018 年。

第三次首都圈规划提出构建多中心的空间结构，发展区域中心城市，推动基于地区特性的产业布局，建设环状"井"字形交通结构，以缓解首尔中心城市的布局过密，实现均衡发展。首尔都市圈"一主一次多节点"的城镇体系以及"一轴一带"的都市圈层结构基本形成（图 3.28）。

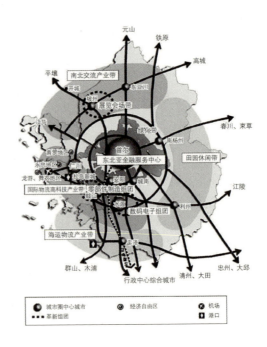

图 3.28
首尔都市圈空间结构

资料来源：申润秀、金锡载、胡京京，《首尔首都圈重组规划解析》，《城市与区域规划研究》2012 年第 5 期。

3.6 五大都市圈空间结构演化的比较

从城市职能看，本章研究的几个城市都是各自国家最大的城市之一，具有极高的首位度。伦敦是全球金融、商业、文化和政治中心，纽约是全球经济、金融、艺术和文化中心，东京是国际金融、文化、时尚及政治中心，巴黎是欧洲的政治、经济、文化和商业中心，首尔是韩国的政治、经济、文化和科技中心（表 3.1）。

从空间形态看，五大都市圈经过长期发展，都围绕一个核心城市大致形成了"中心—外围"的经典城市形态，由 CBD、中心城区、远城区，以及周边地区构成了完整的都市圈结构。其中，CBD 是商务活动中心和城市高档功能区域；中心城区则是紧靠市中心的建成区域；远城区属于城市行政区域，通常是功能完整的新城，同城市经济联系紧密，也是主要的通勤区域；周边地区则是与都市圈紧密联系的临近城市。

从演化过程看，五大都市圈的发展大致表现为从单极集聚向多极分散发展的趋势，其空间形态呈现了从单中心空间结构向多中心空间结构演变的过程，体现了有机疏散的经典理念。在空间演化过程中，它们也都经历了无序蔓延、郊区化与再集聚阶段。各国政府都试图通过规划调整，引导产业、人口等各种要素在更广阔的地域内合理布局，以带动区域的协调发展，增强大城市辐射区域的能力和大城市的整体竞争力，实现城乡一体化发展，并以此使大城市病得到有效治理和缓解。然而，各都市圈发展的具体模式不尽相同，伦敦的城市空间演化显示了郊区化与再城市化特征，纽约的城市空间演化显示了从单极独大到轴向发展的区域整合特征，东京的城市空间演化显示了单极集聚到多中心均衡的特征，巴黎的城市空间演化显示了限制扩张到区域协调发展的特征，首尔的城市空间演化显示了主次核心到轴向发展的特征。

表 3.1
五大都市圈的比较

	职　　能	范　　围	面积（万平方公里）	人口（2020 年）（万人）
伦敦都市圈	金融、商业、文化和政治中心	大伦敦地区及邻近 11 个郡	1.1	2670
纽约都市圈	经济、金融、艺术文化中心	纽约州、新泽西州和康涅狄格州的部分区域，共 31 个县	3.4	2300
东京都市圈	金融、文化、时尚及政治中心	东京都、埼玉县、千叶县、神奈川县	1.35	3600
巴黎都市圈	政治、经济、文化和商业中心	巴黎大都市区与周边 4 省	1.2	1200
首尔都市圈	政治、经济、文化和科技中心	仁川特别市、京畿道及周围一些小城市	1.1	2500

资料来源：根据各城市战略规划及官方网站最新资料整理。

大城市由单中心空间结构演化为多中心空间结构，是世界各国解决大城市病的基本路径。大城市病也是长期困扰中国的一个难题，解决大城市病需要采取综合措施。从城市空间扩展方式的角度看，中国多数大城市单中心单向集聚的倾向非常明显，这是造成大城市病及大城市与其周边地区发展失衡的重要原因。从主要全球城市的经验看，面对城市问题时，提高服务业比重会使碳排放下降，轨道交通出行比例的上升会使交通拥堵得以治理。城市病的本质是供给和需求的矛盾。通过调整供给的数量、质量、结构和空间布局，以适应需求端的增长；通过区域一体化的宏观规划，疏解城市功能，均可以解决大城市病的相关问题。

　　人类社会经历了一个从不断开疆拓土，且人口均匀分布，到人口逐渐集聚在少数都市圈，而在都市圈内又集聚在核心大城市周围的过程。区域一体化的发展加速了人口的自由流动，这是促进社会福利分配、缩小城乡差距与地区差距的重要机遇。国际经验告诉我们，未来在制定城市发展战略和规划时，应该更多地以都市圈的概念协调中心城市与外围中小城市的发展，使得大城市在解决城市病难题的同时，能够在更大范围的城市区域分享其发展带来的溢出效益。

4

长三角中心区的
空间结构

习近平总书记在首届中国国际进口博览会开幕式上的主旨演讲中指出，"将支持长江三角洲区域一体化发展并上升为国家战略，着力落实新发展理念，构建现代化经济体系，推进更高起点的深化改革和更高层次的对外开放，同'一带一路'建设、京津冀协同发展、长江经济带发展、粤港澳大湾区建设相互配合，完善中国改革开放空间布局"。新中国成立以来，中国区域发展格局沿着"均衡发展—非均衡发展—协调发展"的轨迹演化。区域一体化是空间布局发展到一定阶段的产物。在中国，区域一体化发展是改革开放以后的事情。长三角是率先实践区域一体化发展的地区之一。

In his keynote speech at the opening ceremony of the first China International Import Expo, General Secretary of the Communist Party of China Xi Jinping pointed out :

We will make it a national strategy and implement our new development philosophy in great earnest. We will build a modern economic system and adopt higher standards for reform and opening-up. This region will develop in tandem with the Belt and Road Initiative, the Beijing-Tianjin-Hebei coordinated development area, the Yangtze River Economic Belt, and the Guangdong-Hong Kong-Macao Greater Bay Area. It will help improve the overall layout of China's reform and opening-up.

Since the founding of the People's Republic of China, China's regional development pattern has evolved along the trajectory of "balanced development-unbalanced development-coordinated development." Regional integration is a product of spatial layout development to a particular stage. In China, the development of regional integration came after the "reform and opening up" policy was launched. The Yangtze River Delta was one of the regions that took the lead in practicing regional integration development.

4.1　中国区域一体化发展格局的演变与现状

4.1.1　1978—2000 年：区域一体化建设探索阶段

在这一时期，随着东部沿海优先发展战略的实施，数个地区经济快速增长。经济特区、沿海经济开放区和国家级新区等改革先行先试，形成了早期的区域一体化雏形。长三角作为中国经济建设的先发地区，率先开展一体化发展实践，为国家层面区域一体化建设提供了经验借鉴。

从新中国成立到 20 世纪 60 年代，中国工业的 70% 分布在东部沿海和东北地区，区域经济发展不平衡。国际形势和周边环境的影响，国家实施了区域均衡发展战略。20 世纪 60 年代中期，中央提出"三线建设"的战略构想。三线建设时期，西部建成了一批新兴工业城市，西部地区一批城市得以发展，为以后的西部大开发战略奠定了一定的工业基础。[①] 改革开放之初，由于国民经济发展动力不足，国家对区域发展战略进行调整。1978 年到"八五"计划期间，采取优先发展东部沿海地区的非均衡区域发展战略。1978 年末，党的十一届三中全会作出把党和国家的工作重心转移到经济建设上来的重大决定。[②] 1980 年，国务院正式决定在广东省的深圳、珠海、汕头和福建省的厦门设立经济特区。1981 年通过的"六五"计划，明确提出"沿海地区"和"内陆地区"，并要求"沿海带动内地经济进一步发展，内地支援沿海地区经济的发展"。1984 年 5 月，为进一步扩大对外开放，中共中央、国务院决定开放大连、秦皇岛、天津、烟台、青岛、连云港、上海、宁波、

[①] 参见中共四川省委党史研究室、四川省中共党史学会：《三线建设纵横谈》，四川人民出版社 2015 年，第 1—3 页。

[②] 参见马富武、韩纪元：《党的工作着重点转移与阶级斗争问题——学习〈党的十一届三中全会公报〉》，《社会科学研究》1979 年第 3 期。

福州、广州、湛江、北海等 14 个沿海港口城市。[①]1985 年，中共中央、国务院决定把长江三角洲、珠江三角洲和闽南厦门、漳州、泉州三角地区开辟为沿海经济开放区。1988 年 3 月，国务院进一步扩大了长江、珠江三角洲和闽南三角洲地区经济开放区的范围，并把辽东半岛、山东半岛、环渤海地区的一些市、县和沿海开放城市的所辖县列为沿海经济开放区。[②]

长三角地区是中国经济建设的中心，由其带动的长江经济带是中国产业布局的重要轴线，在国民经济发展中起到重要作用。同时，长三角是中国率先实践区域一体化发展的地区。1982 年 12 月，国务院下发《关于成立上海经济区和山西能源基地规划办公室的通知》，决定成立上海经济区。上海经济区以上海为中心，包括长江三角洲的苏州、无锡、常州、南通、杭州和嘉兴等 10 个城市。这是长三角区域经济一体化的最早雏形。但是，由于经济区与行政区不一致等多种原因，1988 年 6 月，国家计委发通知，撤销上海经济区规划办公室。20 世纪 90 年代，随着上海浦东开发开放带来的制度创新、产业集聚效应，上海的产业链向外延伸，对周边地区的经济发展起到了带动作用，奠定了上海经济发展的龙头地位。长三角区域产业合作与分工也越来越密切，实现经济一体化的呼声越来越高，城市间加强磋商、协调发展的要求也越来越强烈。1997 年，原上海经济区城市经济协作办公室牵头，成立了长江三角洲城市经济协调会，长三角经济圈的概念第一次被明确提出。[③]

其间，环渤海和珠三角地区也对区域一体化进行了探索与实践。1988 年，北京市与河北省环京地区的保定、廊坊、唐山、秦皇岛、张家口、承德 6 地市组建了环京经济协作区，推进了区域

① 参见何非、孙洪涛：《〈邓小平文选〉第三卷学习导读》，红旗出版社 1993 年版，第 24 页。

② 参见《辉煌属于伟大祖国——共和国 60 年成就回顾》，《先锋队》2009 年第 10 期。

③ 参见长江三角洲城市经济协调会办公室：《走过十年：长江三角洲城市经济协调会十周年纪事（上册）》，文汇出版社 2007 年版，第 11—12 页。

经济合作。①1992 年，党的十四大第一次把环渤海地区的开发开放写入工作报告，正式确立"环渤海经济区"的概念。环渤海区域一体化逐渐由务虚转向务实阶段。1994 年之前，珠三角地区区域一体化处于理念探讨阶段，之后才逐渐取得进展。②

这一时期为中国区域一体化的探索阶段。长三角地区的区域一体化探索与实践较好地推进了区域合作。在这个阶段，长三角地方政府的介入为区域合作开创了更为广泛的合作领域，为国家层面提供了经验借鉴。党的十四大明确提出建立社会主义市场经济体制的改革目标，市场经济规律开始在区域一体化发展中发挥重要作用。此后一段时期，区域间一体化合作基本上是在市场需求自发作用下形成的。区域间经济贸易、人才、资金等要素流动促进了区域一体化的发展。

4.1.2 2001—2014 年：区域一体化格局初步形成阶段

随着中国东部沿海地区经济的快速增长，西部地区经济发展相对滞后，经济差距日益增大，造成了区域经济不平衡。区域均衡协调发展问题为国家所重视。国家不断调整区域发展战略，促进区域均衡发展。同时，经济发展催生了一批中心城市，促使都市圈和城市群的形成。国家实施城市群发展战略，推进区域一体化发展。在这一段时期，以京津冀、长三角、珠三角三大城市群为代表的区域经济合作进展迅速，传统的制度性障碍得到突破，区域一体化步伐加快。由此，中国区域一体化格局初露端倪，其中以长三角一体化和上海都市圈建设为典型代表，标志着区域一体化推动经济发展取得了一定的成效。

"九五"计划首次提出"促进区域经济协调发展"，并提出长

---

① 参见张丽恒、王黎明、虞冬青等：《京津冀一体化的综述与借鉴》，《天津经济》2014 年第 4 期。

② 参见邹卫星、周立群：《区域经济一体化进程剖析：长三角、珠三角与环渤海》，《改革》2010 年第 10 期。

江三角洲及长江沿江地区、环渤海地区、东南沿海地区、西南和华南部分省区市、东北地区、中部五省、西北地区七大经济区发展规划及六个方面主要的政策措施，提出了区域重构的基础和政策引导的方向。[①]

国家于1999年、2004年、2006年先后提出实施西部大开发战略、"振兴东北"战略和"中部崛起"战略，并在2006年通过的"十一五"规划中明确提出以四大板块即东部、中部、西部和东北的区域发展格局，提出了"坚持实施推进西部大开发，振兴东北地区等老工业基地，促进中部地区崛起，鼓励东部地区率先发展"的区域发展总体战略。

四大板块区域发展战略的提出，奠定了中国促进区域协调发展的基础格局，成为指导各地实施区域经济发展政策的战略基础，形成东、中、西部和东北相互促进、优势互补、共同发展的格局。

经过多年的经济发展，中国城市快速发展壮大，城市在经济发展中的作用越来越大。随着城市化进程迅速推进，城市规模逐渐扩大，中国培育了一批具有影响力的中心城市。2005年，中国住房和城乡建设部编制的《全国城镇体系规划》正式提出建设国家中心城市。中心城市在全国城镇体系中的地位和影响力不断攀升，很多城市都积极争取成为国家中心城市。目前，全国共有9个国家中心城市，分别是北京、天津、上海、广州、重庆、成都、武汉、郑州、西安。[②]

随着中心城市规模的扩大，其产业链和产业转型升级发挥辐射扩散作用，都市圈和城市群逐渐形成，日益成为区域经济发展的重要增长极。通过区域一体化发展，都市圈和城市群内不同城市承接不同发展功能，进行合理分工，有利于促进地区之间的互联互通，实现共享发展。区域一体化发展能够产生"一加一大于二"的协同效应，给区域内各个地区和部门带来共同的利益，从

---

① 参见陈锦华：《国民经济和社会发展"九五"计划和2010年远景目标纲要讲话》，中国经济出版社1996年版，第322—323页。

② 参见赵健、孙先科等：《国家中心城市建设报告（2018）》，社会科学文献出版社2018版，第1页。

整体上提高区域经济竞争力，推动区域板块之间融合互动发展。因此，推动形成"中心城市—都市圈—城市群—区域板块"的区域一体化发展格局，是中国未来区域经济协调发展的必由之路。

在这个阶段，国家和地方政府相继出台多项政策，促进都市圈和城市群发展，实施区域一体化发展战略，推进区域一体化发展。2004年11月，国家发改委正式启动"长三角都市圈区域规划"。2006年通过的"十一五"规划纲要指出，要把城市群作为推进城镇化的主体形态。[①]2010年，国家发改委公布的《关于促进中部地区城市群发展的指导意见的通知》，明确提出了中部地区武汉城市圈、中原城市群、长株潭城市群、皖江城市带、环鄱阳湖城市群和太原城市群六大城市群一体化的任务目标和实施纲领，支持城市群在重大改革领域先行先试。2011年，"十二五"规划提出，以大城市为依托，以中小城市为重点，逐步形成辐射作用大的城市群，促进大中小城市和小城镇协调发展，并提出"推进京津冀、长江三角洲、珠江三角洲地区区域经济一体化发展，打造首都经济圈，重点推进河北沿海地区、江苏沿海地区、浙江舟山群岛新区、海峡西岸经济区、山东半岛蓝色经济区等区域发展，建设海南国际旅游岛"。

区域间经济合作和产业分工，对中国经济发展产生了积极影响，区域一体化程度加速提高。同时，随着国家政策对都市圈和城市群一体化发展政策的指引，区域一体化进入有效推进阶段。其中，以京津冀、长三角、珠三角三大城市群为代表的区域一体化进展迅速，传统的制度性障碍得到初步突破，中国区域经济新格局开始形成。

以上海都市圈为典型代表，区域一体化建设取得了积极成效。圈内各城市形成多层次合作协商机制，长三角生态绿色一体化发展示范区就是其中的一个例证；圈内开启基础设施一体化进程，

---

① 参见红旗大参考编写组：《国民经济和社会发展"十一五"规划大参考》，红旗出版社2005年版，第251—252页。

已初步形成以上海为核心，以高速铁路、城际铁路、高速公路和长江黄金水道为主通道的现代综合运输体系；圈内各城市在交通、旅游、文化、科技、教育、医疗、生态环境等方面开展了全方位合作；圈内各城市都有各自的优势行业和特色产业，在这个基础上形成分工协作、优势互补的发展格局。

4.1.3　2015年至今：区域一体化格局深入推进阶段

2015年以来，京津冀协同发展、粤港澳大湾区建设、长三角一体化发展和成渝双城经济圈建设相继上升为国家战略。通过推动区域一体化发展促进经济高质量发展，成为中国经济发展的重要战略，为深化区域一体化发展指明了方向，也为区域一体化发展提供了强有力的保障。这一时期，区域一体化发展取得明显成效，中国区域一体化发展格局进入全面推进阶段。

2015年通过的《京津冀协同发展规划纲要》指出，推动京津冀协同发展是一个重大国家战略，要在京津冀交通一体化、生态环境保护、产业升级转移等重点领域率先取得突破。[①]2015年，国家"十三五"规划提出，"加快构建以陆桥通道、沿长江通道为横轴，以沿海、京哈京广、包昆通道为纵轴，大中小城市和小城镇合理分布、协调发展的'两横三纵'城市化战略格局"。国家"十三五"规划要求，"优化提升东部地区城市群，建设京津冀、长三角、珠三角世界级城市群，提升山东半岛、海峡西岸城市群开放竞争水平。培育中西部地区城市群，发展壮大东北地区、中原地区、长江中游、成渝地区、关中平原城市群，规划引导北部湾、山西中部、呼包鄂榆、黔中、滇中、兰州—西宁、宁夏沿黄、天山北坡城市群发展，形成更多支撑区域发展的增长极。促进以拉萨为中心、以喀什为中心的城市圈发展。建立健全城市群发展协调机制，推动跨区域城市间产业分工、基础设施、生态保

---

① 　参见王红茹：《专家解读〈京津冀协同发展规划纲要〉看点》，《中国经济周刊》2015年第5期。

护、环境治理等协调联动，实现城市群一体化高效发展"。国家"十三五"规划为"两横三纵"城市化战略格局的形成奠定了基础，推进了全国区域一体化格局的形成。

2017年3月5日，国务院总理李克强在《政府工作报告》中提出，要推动内地与港澳深化合作，研究制定粤港澳大湾区城市群发展规划。2019年2月，中共中央、国务院颁布实施《粤港澳大湾区发展规划纲要》，提出加快推进粤港澳大湾区建成国际一流湾区、充满活力的世界级城市群和具有全球影响力的国际科技创新中心、"一带一路"建设的重要支撑，以及内地与港澳深度合作示范区。

2018年11月5日，习近平总书记在首届中国国际进口博览会上宣布，支持长江三角洲区域一体化发展并上升为国家战略。2019年12月，中共中央、国务院印发实施《长江三角洲区域一体化发展规划纲要》，将为长三角一体化发展带来新机遇。

2020年1月3日，中央财经委员会第六次会议提出，要大力推动成渝地区双城经济圈建设，标志着成渝地区双城经济圈建设上升为国家战略。[①]

2019年2月，《国家发展改革委关于培育发展现代化都市圈的指导意见》发布，提出到2022年，中国都市圈同城化取得明显进展，到2035年，现代化都市圈格局更加成熟，形成若干具有全球影响力的都市圈。都市圈同城化发展将取得明显进展，带动城市群一体化发展，促进区域一体化格局不断深化。2019年11月，《长三角生态绿色一体化发展示范区总体方案》提出，将长三角生态绿色一体化发展示范区建设成为更高质量一体化发展的标杆，是实施长三角一体化发展战略的先手棋和突破口。2019年12月，《长江三角洲区域一体化发展规划纲要》指出，"推动上海与近沪区域及苏锡常都市圈联动发展，构建上海大都市圈"。

京津冀协同发展、长三角一体化发展、粤港澳大湾区建设和成

---

① 参见黄庆华、周密：《依托国家战略推动成渝地区双城经济圈建设》，《当代党员》2020年第6期。

渝双城经济圈建设相继上升为国家战略，及《国家发展改革委关于培育发展现代化都市圈的指导意见》发布，为深化区域一体化发展指明了方向。在"十三五"期间，全国各地加快都市圈同城化和城市群一体化建设，区域一体化发展格局进入全面深入推进阶段。

"十四五"规划提出，"以促进城市群发展为抓手，全面形成'两横三纵'城镇化战略格局。优化提升京津冀、长三角、珠三角、成渝、长江中游等城市群，发展壮大山东半岛、粤闽浙沿海、中原、关中平原、北部湾等城市群，培育发展哈长、辽中南、山西中部、黔中、滇中、呼包鄂榆、兰州—西宁、宁夏沿黄、天山北坡等城市群。建立健全城市群一体化协调发展机制和成本共担、利益共享机制，统筹推进基础设施协调布局、产业分工协作、公共服务共享、生态共建环境共治。优化城市群内部空间结构，构筑生态和安全屏障，形成多中心、多层级、多节点的网络型城市群"，"依托辐射带动能力较强的中心城市，提高1小时通勤圈协同发展水平，培育发展一批同城化程度高的现代化都市圈"。

"两横三纵"是指以陆桥通道、沿长江通道为两条横轴，以沿海、京哈京广、包昆通道为三条纵轴，以主要的城市群地区为支撑，以轴线上其他城市化地区和城市为重要组成部分的城市化战略格局。"十四五"期间，"两横三纵"的城市格局建设完成后，中国城市布局将形成完善的城市网络群。在继续推进新型城镇化过程中，探索提高城市群、都市圈和中心城市的带动作用与辐射功能，完善区域协调发展和一体化发展。

4.2　长三角中心区的空间结构

4.2.1　长三角空间结构的演变过程

区域空间结构的演变，一方面受到经济社会内生发展的影响，另一方面则是体制和制度安排的结果。这两个方面的交互作用在长三角表现得比较充分。从改革开放至今，长三角空间结构经历了 1982—1988 年间长三角经济圈概念的提出及雏形阶段，1997年长三角经济圈概念首次被正式提出。直至 2019 年，长江三角洲区域一体化发展规划纲要正式颁布，长三角空间范围得以确认，包括上海市、江苏省、浙江省和安徽省一市三省全域。

1980 年代初，"以上海为中心建立长三角经济圈"设想正式提出，最初范围仅包括上海、南京、宁波、苏州、杭州 5 个城市。1986 年建立的"上海经济办公室"和"五省一市省市长联席会议"提出更大的区域空间。这时的长三角区域空间扩大到五省一市，即上海市、江苏、浙江、安徽、福建、江西等省，面积约 63 万平方公里，人口约 2.6 亿人，占当时全国人口的 1/4 左右。[①]1997 年，原上海经济区城市经协办牵头，成立了长江三角洲城市经济协调会，长三角经济圈概念再次被明确提出。长三角经济圈包括上海市、江苏省的 8 个市和浙江省的 6 个市。具体城市为：上海、南京、苏州、扬州、镇江、泰州、无锡、常州、南通、杭州、宁波、湖州、嘉兴、舟山、绍兴等 15 个城市。[②]

2003 年 8 月，在南京召开的第四次协调会议上，浙江台州被正式接纳为长三角城市，长三角洲城市经济协调会成员由过去的 15 个上升为 16 个，[③] 面积约为 10.96 万平方公里。2004 年 11 月，在上海召开的长三角城市经济协调会第五次会议上，决定根据发展情况需要把经济协调会由每两年召开一次改为每年召开一次，首次建立议事制度，从务虚向务实议事转型。[④] 长江三角洲城市经济协调会确立长三角经济圈空间范围，形成了良好的合作关系和协调机制，为后来长三角空间范围的进一步扩大奠定了基础。

2007 年 12 月，在上海召开的"长江三角洲地区发展国际研

① 参见张萍、张玉鑫：《上海大都市区空间范围研究》，《城市规划学刊》，2013 年第 4 期。
② 参见长江三角洲城市经济协调会办公室：《走过十年：长江三角洲城市经济协调会十周年纪事（上册）》，文汇出版社 2007 年版，第 11—12 页。
③ 参见《走过十年：长江三角洲城市经济协调会十周年纪事（上册）》，第 82—83 页。
④ 同上书，第 92—92 页。

讨会"[1]，将长三角地区范围扩展到上海、浙江、江苏一市两省，长三角区域经济一体化的重要性日益显现。2008 年 9 月 1 日，国务院颁布《关于进一步推进长江三角洲地区改革开放与经济社会发展的指导意见》，提出要把长三角地区建设成为亚太地区重要的国际门户和全球重要的先进制造业基地，以及具有较强国际竞争力的世界级城市群。2010 年 6 月，国家发展改革委发布《长江三角洲地区区域规划》，首次在国家战略层面将长三角区域范围界定为江苏省、浙江省和上海市两省一市全境共 25 个城市，区域面积 21.07 万平方公里。该规划把 16 个城市列为长三角区域发展规划的"核心区"。

2016 年 5 月，国务院常务会议通过《长江三角洲城市群发展规划》，作为国家发展战略的重要组成部分。长三角城市群包括上海市和江苏、浙江、安徽三省部分城市，它们是：上海市，江苏省的南京、无锡、常州、苏州、南通、盐城、扬州、镇江、泰州，浙江省的杭州、宁波、嘉兴、湖州、绍兴、金华、舟山、台州，安徽省的合肥、芜湖、马鞍山、铜陵、安庆、滁州、池州、宣城等 26 市，区域面积 21.17 万平方公里，约占中国国土面积的 2.2%。[2]

2019 年，长三角一体化发展正式上升为国家战略。2019 年 12 月，《长江三角洲区域一体化发展规划纲要》确定长三角范围包括上海市、江苏省、浙江省和安徽省一市三省全域，面积为 35.8 万平方公里。

4.2.2　长三角中心区的空间结构

长三角地区是中国区域一体化水平最高的地区，也是对新型城镇化空间布局的先行探索区域。长三角区域一体化的空间范围

---

[1]　参见胡旭：《长三角确立辐射"雄心"沿江五省参与发展研讨》，《新安晚报》2007 年 12 月 6 日。

[2]　参见张俊：《解读〈长江三角洲城市群发展规划〉》，《地理教育》2017 年第 2 期。

为 35.8 万平方公里，比德国（35.7 万平方公里）稍大，比日本（37.8 万平方公里）略小。在如此面积且有着较高经济密度的空间范围内，长三角中心区的空间结构呈现多层次格局。这不仅是自然地理和行政地理的客观反映，而且与经济发展、生态环境、社会治理、交通网络和产业链等有着密切的联系。因此，正确理解长三角区域一体化的空间层次，及其与相关因素的关系，能够有效促进长三角地区更好更快地实现其高质量一体化发展的使命和价值。长三角区域内包括超大城市、特大城市、大城市、中小城市在内的衔接紧密的不同规模等级的城市，形成完整的区域城市空间结构体系。长三角的空间结构可划分为五个层次。

1. 第一层次：长三角全域

以上海为中心城市的长三角区域拥有通江达海、承东启西、连南接北的区位优势。长三角位于中国东部沿海经济发达带的中部和中国中部长江经济带的顶端，南北可依沿海经济带与环渤海经济区、珠三角联动，东西依长江经济带与广阔的中西部腹地相连。《长江三角洲区域一体化发展规划纲要》提出，要按照以点带面、依次推进的原则和由小到大的范围，以新片区拓展功能、示范区先行探索、中心区率先复制、全域集成推进作为一体化发展的空间布局；目标是要实现长三角全域更深层次一体化，探索区域一体化发展的制度体系和路径模式，引领长江经济带发展，为全国区域一体化发展提供示范。因此，长三角一体化空间结构的第一层次是长三角全域，共 41 个地级及以上城市，包括上海、南京、苏州、无锡、常州、徐州、镇江、扬州、南通、泰州、淮安、盐城、连云港、宿迁、杭州、宁波、嘉兴、湖州、绍兴、台州、金华、温州、丽水、衢州、舟山、合肥、淮北、亳州、宿州、蚌埠、阜阳、淮南、滁州、六安、马鞍山、芜湖、宣城、铜陵、池州、安庆、黄山。

2. 第二层次：长三角中心区

《长江三角洲区域一体化发展规划纲要》指出："以上海市，江苏省南京、无锡、常州、苏州、南通、扬州、镇江、盐城、泰州，浙江省杭州、宁波、温州、湖州、嘉兴、绍兴、金华、舟山、台州，安徽省合肥、芜湖、马鞍山、铜陵、安庆、滁州、池州、宣城27个城市为中心区（面积22.5万平方公里），辐射带动长三角地区高质量发展。"这个中心区是长三角空间结构中的第二个层次，构成长江三角洲城市群的主体。长三角中心区27个城市的经济发展等各方面层次都比较高，中心区的27个城市之间有良好的合作关系，且与外围区域的其他城市有一个明显的产业分工关系。中心区一体化发展，加强长三角中心区与苏北、浙西南、皖北等地区的深层合作，辐射带动周边地区协同发展，将带动长三角其他地区加快发展，引领长江经济带开放发展。

3. 第三层次：长三角的三个城市群

在区域空间发展形态中，都市圈与城市群的关系是需要把握的一个重点。2019年2月，国家发改委发布《培育发展现代化都市圈的指导意见》，明确了城市群和都市圈的概念与关系：城市群"是新型城镇化主体形态，是支撑全国经济增长、促进区域协调发展、参与国际竞争合作的重要平台"，都市圈"是城市群内部以超

图 4.1
长三角三个城市群

资料来源：根据《长江三角洲区域一体化发展规划纲要》绘制。

大特大城市或辐射带动功能强的大城市为中心、以1小时通勤圈为基本范围的城镇化空间形态"。可以认为，城市群是一个平台，在一个城市群内部，可能有两个或两个以上都市圈。

《长江三角洲区域一体化发展规划纲要》提出，"推动上海与近沪区域及苏锡常都市圈联动发展，构建上海大都市圈"。这里所提出的"上海大都市圈"即上海城市群。《长江三角洲区域一体化发展规划纲要》还提出"加强南京都市圈与合肥都市圈协调发展"，"实现杭绍甬一体化"，前者即指宁合城市群，后者就是杭甬城市群。上海城市群、宁合城市群和杭甬城市群是长三角空间结构的第三个层次，是承上启下的重要层次（图4.1）。这三个城市群在长三角区域一体化的空间形态中，具有重要地位。沪苏城市群、宁合城市群和杭甬城市群内部一体化发展、城市群间联动发展，是实现长三角区域一体化的基础。

4. 第四层次：六个都市圈

《长江三角洲区域一体化发展规划纲要》提出，"以基础设施一体化和公共服务一卡通为着力点，加快南京、杭州、合肥、苏锡

图4.2
长三角六个都市圈

资料来源：《长江三角洲城市群发展规划》。

常、宁波都市圈建设，提升都市圈同城化水平"。因此，长三角空间结构的第四个层次是上海、南京、杭州、合肥、苏锡常、宁波都市圈（图4.2）。都市圈是城市群的基础，是城市群内部城市网络的核心节点。在长三角空间结构五个层次中，都市圈处于核心地位。

5. 第五层次：六个都市圈内若干城市

各都市圈范围内以行政区划界定的城市，是长三角空间结构的第五个层次。

目前，在长三角六个都市圈中，唯有《南京都市圈发展规划》获得国家发改委正式复函同意。据有关媒体披露，该规划范围拓展到南京、镇江、扬州、淮安、芜湖、马鞍山、滁州、宣城8市全域及常州市金坛区和溧阳市，总面积6.6万平方公里，2019年末常住人口约3 500万（图4.3）。[①] 根据上文的分析，这个规划范围介于南京都市圈和宁合城市群之间。在编制都市圈发展规划时，如何动态地确定城市数量，是一个需要全面思量、科学决策的问题。

图 4.3
南京都市圈示意图

资料来源：课题组绘制。

---

① 参见陈澄、沈佳暄：《〈南京都市圈发展规划〉将全文公布》，《新华日报》2011年4月11日。

综上，长三角区域一体化的空间逻辑是：全域—一个中心区—三个城市群—六个都市圈—若干个城市。在这五个层次中，都市圈处于核心地位，是科创策源、产业集聚、政策协同和社会协调的基本载体。

这里需要强调的是，制定一个都市圈规划时，总要给出一定的空间范围，"1 小时通勤圈"就是这个空间范围的重要依据之一。但是，随着轨道交通布局完善和速度提升，"1 小时通勤圈"的空间范围会适度扩大。同时，都市圈不是传统的行政区，而是现代的经济社会功能区，在生态保护、交通网络和社会治理等方面，常常会跨行政区划、跨都市圈，甚至跨城市群进行规划建设。以市场驱动为主的产业和经济发展，更是按照自身的逻辑延展和布局。因此，每个都市圈都有相对的空间范围，但它的边界是弹性的，其常态可谓"你中有我，我中有你"。①

---

① 参见陈宪：《长三角实际包含了三个城市群、六个都市圈》，上观新闻，2020 年 12 月 30 日。

5

上海都市圈的
空间结构

20 世纪中期以来，发达经济体的中心城市先后经历了产业结构和空间结构的双重转型。在转型过程中形成主城区、郊区新城和周边城市即都市圈的空间结构。这是工业化与城市化相互推动结果，也是经济社会发展规律性的表现。上海在城市转型过程中，空间结构不断演化，由主城区到郊区新城，由单中心到多中心。在城市空间结构演变的历程中，上海以长三角为依托，谋求与近沪周边城市同城化发展，推动区域一体化，不断拓展和优化发展空间，初步确立了上海都市圈的圈层结构和多中心格局。

Since the middle of the twentieth century, the central cities of developed economies have undergone a dual transformation in terms of industrial and spatial structures.During this process, the main city area, suburban new cities, and surrounding cities（the metropolitan area）have formed a spatial structure. This not only is the result of mutually promoting industrialization and urbanization but also a manifestation of the regularity of economic and social development. In the process of urban transformation, Shanghai's spatial structure evolves from the main city area to suburban new cities and surronding cities, and from a single center to multiple centers.In the evolutional process of urban spatial structures, Shanghai took the Yangtze River Delta as its backbone, sought urban integration with surrounding cities, promoted regional integration, and continually expanded and optimized development space.In doing so, Shanghai has initially established the circular structures and polycentric patterns of the Shanghai Metropolitan Area.

5.1 上海都市圈的"3+1"圈层

上海都市圈空间结构呈现"3+1"的圈层。第一圈层是上海面积约 1 161 平方公里的主城区，包括中心城区、主城片区及紧邻中心城区的部分地区。[①] 第二圈层是主城区外围，以嘉定、青浦、松江、奉贤及南汇五个新城为节点城市的空间范围。第三圈层是周边城市，其内涵是沪苏、沪嘉和沪通同城化。苏州、嘉兴和南通是陆域或水域与上海接壤的三个地级市。这是"3+1"圈层中的"3"。"1"则指上海市的市域范围即行政区划，总面积 6 340.5 平方公里。前者是经济社会功能区，后者是行政区划（图 5.1）。经济社会功能区的地位和作用将日益增强。

图 5.1
上海都市圈空间结构

资料来源：课题组绘制。

5.1.1 上海都市圈的第一圈层

上海主城区包括中心城区、主城片区及紧邻中心城区的部分地

---

① 上海市人民政府：《上海市城市总体规划（2017—2035 年）》，2018 年。

区。1949年10月，新中国成立时，上海市行政区划面积636.18平方公里，中心城区面积仅为82.4平方公里。中心城区经过多年演变发展，先后经历解放后到改革开放之前的向周围蔓延式扩张。在浦东开发开放的大背景下，中心城区空间结构发展重大变化。《上海市城市总体规划（1999—2020年）》提出以外环线以内地区作为中心城区范围。[①] 截至2020年底，上海市管辖16个市辖区，总面积6 340.5平方公里。其中，中心城区面积约664平方公里，包括：黄浦区（黄浦区、原南市区、原卢湾区）、徐汇区、长宁区、静安区（静安区、原闸北区）、普陀区、虹口区、杨浦区以及浦东新区外环线以内的城区。《上海市城市总体规划（2017—2035年）》确定，中心城区外围的主城片区面积约466平方公里，包括：虹桥片区86平方公里，川沙片区97平方公里，宝山片区84平方公里，闵行片区199平方公里。中心城区、主城片区，以及高桥镇、高东镇紧邻中心城区的31平方公里区域，构成上海的主城区，面积约1 161平方公里，即上海都市圈的第一圈层（图5.2）。

主城区是由中央商务区、商业区和各级公共活动中心构成的多核结构，是上海的政治、经济和文化中心，以建设国际经济、

图5.2
上海主城区示意图

资料来源：课题组绘制。

---

① 上海市人民政府：《上海市城市总体规划（1999—2020年）》，2001年。

金融、贸易和科创中心为主要目标。主城区承载上海全球城市的核心功能，是上海市城镇体系的主体，也是上海都市圈的核心。

5.1.2　上海都市圈的第二圈层

2021 年 3 月，上海市政府公布《关于本市"十四五"加快推进新城规划建设工作的实施意见》，在再次确认国务院批复的《上海市城市总体规划（2017—2035 年）》中，有关"将位于重要区域廊道上、发展基础较好的嘉定、青浦、松江、奉贤、南汇等 5 个新城，培育成在长三角城市群中具有辐射带动作用的综合性节点城市"规划安排的基础上，提出了加快建设的具体意见。五个新城的规划目标是"独立的综合性节点城市"，起到网络节点、交通枢纽、主导产业及社会服务等四大节点功能；并由此确立了主城区以外的新城建设是上海都市圈第二圈层的地位。

上海都市圈第二圈层面积 5 000 多平方公里，是第一圈层向外延伸扩展的"外层"，也是衔接第三圈层的中间地带。第二圈层对进一步疏散并缓解上海都市圈第一圈层的压力，增强上海市的

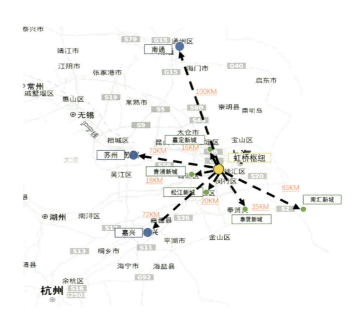

图 5.3
五个新城的空间位置

资料来源：根据相关资料整理绘制。

整体辐射能力，以及对带动上海都市圈第三圈层发展有着积极作用。其中，嘉定、青浦、松江、奉贤及南汇五个新城分布在主城区四周，距离虹桥枢纽的距离分别在16公里、18公里、20公里、35公里和65公里，能够很好地加强与主城区互动（图5.3）。五个新城所在区域与近沪城市毗连，优化了上海都市圈的空间结构。加强新城与主城区、新城与新城之间、新城与第三圈层近沪城市之间的功能互补和赋能互动，有助于上海都市圈同城化发展。

5.1.3　上海都市圈的第三圈层

《长江三角洲区域一体化发展规划纲要》界定了上海都市圈的第三圈层，即上海行政区划之外的"近沪区域"。这块近沪区域大致包括哪些城市？这与确定圆心点即上海的市中心有关。历史上，城市的中心通常在商业中心。以后，行政中心逐步取代商业中心，或与商业中心一起，成为城市的中心。过去几十年来，客观形成和人们公认的上海的市中心在人民广场。那里，以第一百货商店为标志，是上海的商业中心；以上海市人民政府所在地为标志，是上海的行政中心。但城市的中心是会转移的。随着城市间联通，以及与周边地区一体化日显重要，交通枢纽作为城市中心渐成趋势。

上海的市中心，同时也是上海都市圈的中心。在上海6 000多平方公里的版图上，人民广场略偏东。上海的东面是长江入海口和杭州湾，是海域。与上海陆域接壤的江苏、浙江在上海的西北和西南方向。上海都市圈的空间范围是上海的行政区划加江浙的近沪区域。近年来，上海建成了一个举世罕见的空港与高铁合一的巨型交通枢纽——100万平方米的虹桥枢纽。这里，还有100万平方米的会展场馆，世界进口博览会在此举办；以及100万平方米的商务楼宇，成为上海西部的CBD。现在将这三个"100万"合称为虹桥枢纽。相对于人民广场，虹桥枢纽作为上海和上海都市圈的中心更加名副其实。2021年2月，国务院批复《虹桥国际开放枢纽建设总体方案》，明确了虹桥国际开放枢纽建设的指导思想、发展目标、功能布局和主要任务，标志着虹桥国际开放枢纽成为继自贸试验区临港新片区、长三角生态绿色一体化发展示范区之后，上海落实长三角一体化发展国家战略的又一重要承载地。

以虹桥枢纽为圆心划定10 000平方公里的上海都市圈空间范围，包括上海的行政区划和江浙的近沪区域，即嘉兴市的平湖、嘉善，苏州的部分市辖区和昆山、太仓和常熟。如果以80公里为半径划定上海都市圈空间范围，则增加嘉兴的部分市辖区和海盐，南通的通州、海门和启东。苏州、嘉兴和南通等近沪城市，与五个新城和主城区一道，共同构成上海都市圈的空间结构。

这些近沪城市是上海都市圈的第三圈层，有助于在更大的空间范围优化配置资源。上海都市圈同城化发展，上海与近沪周边城市共同打破行政壁垒，提高政策协同，形成示范引领作用，从而为更大空间的区域协调发展提供借鉴，进一步打造长三角的城市群，促进长三角一体化高质量发展。

5.2 上海都市圈的多中心

新中国成立以来，上海城市功能定位经历"多功能消费型城市""单一功能的工业城市""国际经济、金融、贸易中心""国际经济、金融、贸易、航运中心""国际经济、金融、贸易、航运、科技创新中心和文化大都市"多次转变。城市功能的提升带来上海城市空间结构的重新整合。在国家政策和上海城市规划的指引下，上海市中心城区人口和工业企业向中心城区外围疏解，且伴随着轨道交通基础设施的发展，郊区人口和产业进一步集聚。经过多年演变，上海城市空间结构实现由中心城区到郊区新城，由单中心向多中心演化。先后经历了"单中心发展—同心圆式向郊区蔓延发展—多中心圈层发展—上海都市圈空间结构形成阶段"四个阶段，城市空间结构不断优化，初步形成上海都市圈"3+1"空间结构。

5.2.1　从单中心到多中心格局的演变

1. 1949—1978 年：典型的单中心发展阶段

新中国成立初期，上海在变"消费中心"为"生产中心"的思想指导下，工业企业和居住区围绕中心城区蔓延。初期的上海城市规划主要是为了改善生产和居民生活条件，规划重点是工业布局和人口结构。1953 年上海市总体规划示意图（图 5.4）对上海人口规模、用地规模、工业区布局和住宅分布提出了指导性意见。

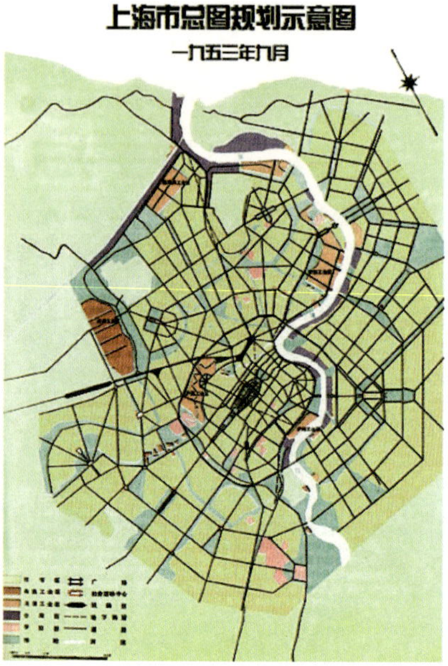

图 5.4
1953 年上海城市规划示意图

资料来源：《上海城市规划志》编纂委员会，《上海城市规划志》，上海社会科学院出版社 1999 年版，第 92 页。

1958 年，国务院批准，先后将江苏省的上海县、嘉定县、宝山县、川沙县、南汇县、奉贤县、松江县、金山县、青浦县、崇明县共十县划入上海市，这是上海市市辖区域扩大的关键性事件。通过这一区划调整，上海市的辖域面积增加了 10 倍。这次调整不仅帮助上海解决了城市发展面临的空间制约，有助于落实中央对上海发展的新要求。更为重要的是，作为城市快速发展时期空间拓展的制度性安排，这次行政区划调整对上海城市空间重构和城市功能重塑产生了重大且长远的影响，也为未来上海都市圈空间结构的形成奠定了初步基础。

1958年，上海提出，上海城市规划和建设的基本任务是结合旧市区工业的改组和调整，逐步在外围建设卫星城镇，安排必要的新建与迁建工业用地，逐步减少旧市区人口至300万左右。为适应新形势发展的需要，1958年4月，上海市规划局编制城市建设初步规划草图（图5.5），提出迁建、新建工厂应到新开辟的工业区中建设。规划新开辟的工业区有八个：蕰藻浜工业区、彭浦工业区、桃浦工业区、北新泾工业区、漕河泾工业区、高桥工业区、周家渡工业区、吴泾工业区；并首次提出建设吴泾、闵行、安亭、嘉定、松江五个卫星城，编制了"卫星城规划"，提出卫星城建设。[①]1959年10月完成的《关于上海城市总体规划的初步意见》提出有计划地发展卫星城镇的建设方针，除已有的吴泾、闵行、安亭、嘉定、松江外，新规划北洋桥、青浦、塘口、南桥、周浦、川沙、朱泾、奉城、南汇、崇明、堡镇12个卫星城，为后来安亭、松江新城的建设奠定了基础。[②]

图5.5
1959年上海区域规划示意草图

资料来源：《上海城市规划志》编纂委员会，《上海城市规划志》，上海社会科学院出版社1999年版。

① 参见《上海城市规划志》编纂委员会：《上海城市规划志》，上海社会科学院出版社1999年版，第96—98页。
② 同上书，第101页。

20世纪70年代，上海开始建设金山石化和宝山钢铁两大产业基地，与此同时，建设金山卫、吴淞—宝山两个卫星城，进而有步骤地开发杭州湾北岸和长江南岸。①

总体来看，这一时期的人口迁移主要是向今天的内环和外环之间疏散，新建住房主要是在内环和中环之间。上海的人口居住和产业发展还是集中于中心城区，工业集中在中心城区的形态没有明显改变。中心城区呈现同心圆式向四周蔓延式扩张，郊区发展缓慢。因为优越的港口地理位置能够满足化工和钢铁产业的发展需求，金山和宝山两个卫星城发展具有一定的规模，其他新城发展相对缓慢。城区和郊区之间依然存在较大的不平衡，中心城区集聚功能不断加强，是典型的以中心城区为核心的单中心发展阶段。

2. 1978—2000年：同心圆式向郊区蔓延发展阶段

改革开放之后，上海城市功能定位不断提升。1982年《上海城市总体规划纲要》指出，上海是中国经济中心之一，是重要的国际港口城市。②1984年《上海市城市总体规划方案》指出，上海城市性质为"中国的经济、科技、文化中心之一，是重要的国际港口城市"。规划提出城市建设的方向是：建设和改造中心城，充实和发展卫星城，有步骤地开发"两翼"，有计划地建设郊县小城镇，使上海发展成为以中心城为主体，市郊城镇相对独立，中心城与市郊城镇有机联系、群体组合的社会主义现代化城市。同时提出中心城的人口控制在650万人左右，卫星城规划为130万人左右。③1986年10月，国务院批复原则同意《上海市城市规划总体方案》，这是上海历史上第一个经国家批准的城市总体规划方案。该方案将上海城市性质确立为"中国最重要的工业基地之一，也是全国最大的港口、贸易中心、科技中心和重要的金融中心、

---

① 参见《上海城市规划志》编纂委员会：《上海城市规划志》，上海社会科学院出版社1999年版，第201页、每台204页。

② 同上书，第105页。

③ 同上书，第106—109页。

信息中心、文化中心";"上海应当进一步建设成为太平洋西岸最大的经济贸易中心之一"。关于城市布局，规划方案提出要逐步改变单一中心的城市布局，积极地、有计划地建设中心城、卫星城、郊县小城镇和农村集镇，逐步形成层次分明、协调发展的城镇体系。要重点发展金山卫和吴淞南北两翼，及若干新区的建设（图5.6）。[①]1986年城市规划延续了1959年提出的建设卫星城的构想，为上海逐步改变单一中心的城市布局、建设中心城和卫星城提供了指引。

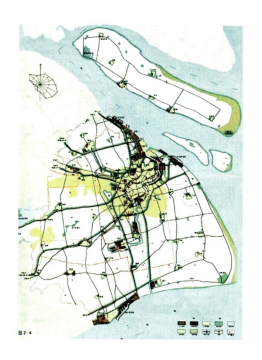

图5.6
1986年上海市城市总体规划图

资料来源：《上海城市规划志》编纂委员会，《上海城市规划志》，上海社会科学院出版社1999年版。

1990年，国务院宣布，同意上海市加快浦东地区的开发。1992年，党的十四大正式确定要"以浦东开发开放为龙头，进一步开放长江沿岸城市，尽快把上海建设成为国际经济、金融、贸易中心之一"。上海走上了改造、振兴的新阶段。1992年的《浦东新区总体规划》提出，通过浦东新区开发，带动浦西的改造，恢

---

① 参见《上海城市规划志》编纂委员会：《上海城市规划志》，上海社会科学院出版社1999年，第115页。

复和再造上海作为全国经济中心城市的功能，为上海建设成为国际经济、金融、贸易中心之一奠定基础。浦东新区范围为长江口、黄浦江、川杨河之间三角地的 350 平方公里和川杨河以南、外环线以北 50 平方公里，共 400 平方公里。空间布局主要采用多轴多核的形态（图 5.7）。[①]浦东大开发给上海城市空间结构带来重大变化。通过浦东新区的开发建设，上海掀起了新一轮城市发展的高潮，奠定了浦东新区在上海及长三角的龙头地位。随着延安路越江隧道和南浦大桥、杨浦大桥的建成，上海城市发展重心往东部转移，重塑了上海中心城区的空间结构。

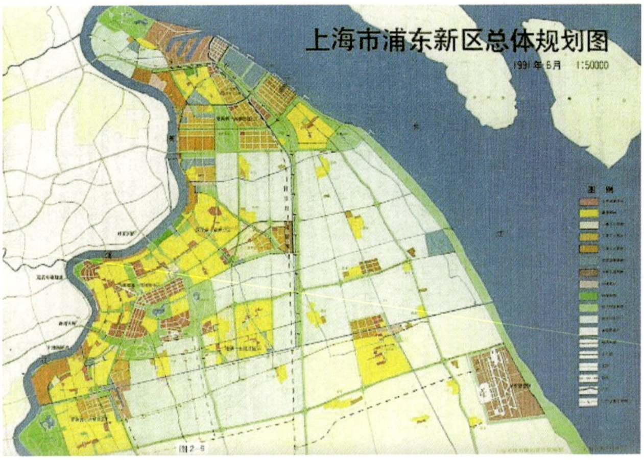

图 5.7
2001 年上海市浦东规划图

资料来源：《上海城市规划志》编纂委员会，《上海城市规划志》，上海社会科学院出版社 1999 年版。

在此期间，为了提升中心城区的服务功能，上海对中心城区进行了大规模的改造，并在"退二进三"产业方针的指导下，上海市政府通过存量调整迁移与增量合理布局等手段调整工业布局，对污染型工业企业"关、停、并、转"，加快工业企业转移速度。同时，将工业增量投资向郊区等地带倾斜。上海先后建立金桥出口加工区和张江高科技园区两个国家级园区，并在郊县设立多个市级开发区。为改善中心城区的人居环境，政府将人口大量导入

[①] 参见《上海城市规划志》编纂委员会：《上海城市规划志》，上海社会科学院出版社 1999 年版，第 121 页。

中心城区边缘和城乡接合部，中心城区的居民大量外迁。中心城区的人口和工业企业外移，带动了郊区的发展。郊区产业布局依托城市快速交通道路形成轴向发展，包括沪宁、沪杭和轨道交通方向。上海郊区以近郊区域城市化为主，靠近中心城区的闵行、宝山、嘉定等发展较快，远郊发展较慢，卫星城发展相对滞后。郊区建设虽然取得了一定的成效，但还是依托于中心城区发展。

随着人口和产业的外迁，中心城区空间结构得到进一步优化。这一段时期，上海中心城区呈现向外扩张的发展趋势，浦东开发带来中心城区空间结构的重塑。上海城市空间结构仍以单中心为主、同心圆式向郊区蔓延发展，呈现出多核和圈层结构、结合局部扇形分布的特征。

3. 2000—2010 年：多中心圈层发展阶段

党的十四大明确提出了"尽快把上海建成国际经济、金融、贸易中心之一"的战略决策。上海围绕建设交通工程、调整工业布局、改造危棚简屋地区三大重点，加快了大规模城市建设的步伐。一批展示现代化国际大都市面貌的标志性建筑拔地而起，中心城集聚、辐射功能得到进一步加强，郊区经济实力明显提高，上海逐步从传统的工商业城市转向国际经济中心城市，城市能级显著提升。2001 年，国务院批复同意《上海市城市总体规划（1999—2020 年）》。上海中心城区的空间范围在本次规划中得以确定：中心城区是上海政治、经济、文化中心，也是上海市城镇体系的主体。以外环线以内地区作为中心城区范围，人口控制在 800 万人，城市建设用地 600 平方公里；并首次提出新城的概念，规划新城 11 个，分别是宝山、嘉定、松江、金山、闵行、惠南、青浦、南桥、城桥及空港新城和海港新城。新城人口规模一般为 20—30 万人；进而提出形成"中心城—新城（含县城，下同）—中心镇—集镇"组成的多层次城镇体系和由沿海发展轴，沪宁、沪杭发展轴和市域各级城镇等组成的"多核、多轴"市域空间布局结构，以及"多心、开敞"的中心城区空间布局结构（图 5.8）。

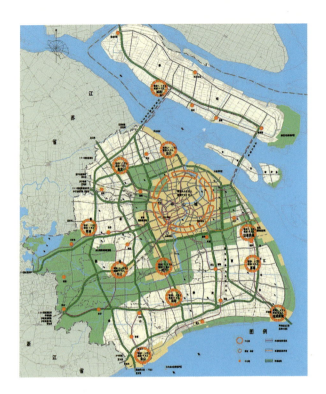

图 5.8
2001 年上海市城镇体系
规划图

资料来源：上海市人民政
府，《上海市城市总体规划
（1999—2020 年）》，2001 年。

国务院在对《上海市城市总体规划（1999—2020 年）》的批复中指出，"要从长江三角洲区域整体协调发展的角度，对全市实行统筹规划"，"从长三角洲地区城市群出发，进行上海城市总体布局"，这体现了发展上海都市圈的初步想法。在之后相关规划中，上海注重从区域整合的角度，完善上海城市空间结构。上海城市空间布局结构和城镇体系规划，对于上海都市圈圈层的形成具有积极意义。上海城市空间结构进入"多核—多轴"分布阶段和多中心网络状扩展阶段。

2006 年通过的《上海市国民经济和社会发展第十一个五年规划纲要》，首次明确"城乡体系"（简称"1966"城乡规划体系）：即 1 个中心城、9 个新城、60 个左右新市镇和 600 个中心村。"1966"城乡规划体系将中心镇和一般镇合并为新市镇，形成中心城、新城、新市镇、中心村四层次的城乡体系，重点推进嘉定、松江和临港新城建设。并提出依托上海城市综合服务功能，进一步服务长江三角洲、服务长江流域、服务全国；促进长江三角洲城市群整体竞争力提升，进一步促进区域经济共同发展，完善区域合作交流机制；建设虹桥综合交通枢纽。"1966"城乡规划体系推进建设了一批新城和新市镇，促进新城、新市镇与中心城区的互动，有效缓解了中心城区的人口压力，提高了郊区的城镇化、集约化水平及发展水平。居住人口以圈层式的特征蔓延，就业人口则体现为沿交通干线的走廊式扩散。由此，该体系推动了上海城市空间圈层结构的形成，带动郊区新城发展水平进一步提高。

在此期间，上海轨道交通快速发展，郊区产业和人口进一步集聚，进一步促进郊区新城的发展。上海逐步形成"一主多副"的多中心结构，城市空间结构进一步优化。在城市空间结构演变的历程中，上海以长三角为依托，越来越重视区域一体化发展，为上海都市圈空间结构形成奠定了基础。

4. 2010 年至今：上海都市圈空间范围形成阶段

2010 年 5 月，国务院批准的《长江三角洲地区区域规划》提出，长江三角洲地区发展要以上海为发展核心，发展沪宁和沪杭甬沿线发展带，形成国际化水平较高的城镇集聚带，服务长三角地区乃至全国发展；依托虹桥综合交通枢纽，构建面向长三角、服务全国的商务中心；对嘉定新城、松江新城和临港新城的产业发展定位。[①]《长江三角洲地区区域规划》为上海城市空间结构在更大范围内进行优化提供了指引，加快了嘉定新城、松江新城和临港新城的产业集聚发展。虹桥枢纽的建设发展进入了提速阶段，上海与长三角城市合作越来越紧密。2019 年 12 月，中共中央、国务院印发《长江三角洲区域一体化发展规划纲要》，明确要求"加快都市圈一体化发展"，指出"推动上海与近沪区域及苏锡常都市圈联动发展，构建上海大都市圈"。由此明确了上海都市圈的空间范围是上海的行政区划加江浙的近沪区域。

随着长三角一体化上升为国家战略，虹桥枢纽地区的区域功

---

① 参见《聚焦：国务院批准实施长三角区域规划》，《硅谷》2010 年第 6 期。

能快速发展，集聚了一批国际和区域性企业总部，形成东有"大浦东"，西有"大虹桥"的"双引擎"格局。2021年2月，国务院批复《虹桥国际开放枢纽建设总体方案》，标志着虹桥国际开放枢纽成为继自贸试验区临港新片区、长三角生态绿色一体化发展示范区之后，上海落实长三角更高质量一体化发展战略的又一重要承载地。

"十四五"期间，上海将构建"中心辐射、两翼齐飞、新城发力、南北转型"的空间格局。"中心辐射"是指主城区，"两翼齐飞"是指浦东、虹桥，"南北转型"是指金山、宝山，"新城发力"则是指嘉定、青浦、松江、奉贤及南汇五个新城在产业发展、公共服务、综合交通和环境治理等方面集中规划建设、全面赋能。由此，在主城区外围将出现五个独立的综合性节点城市。

在这一段时期，上海市轨道交通快速发展，支撑主城区与郊区、近沪区域的同城化；促进主城区、郊区和近沪城市在功能和产业上的专业化分工协作，优化人口布局，人口和就业向均衡发展。上海的多中心城市发展格局进一步优化，促进了上海都市圈"3+1"空间结构的形成。

5.2.2 虹桥国际开放枢纽

1. 虹桥枢纽的提出与建设

2005年3月，上海提出于虹桥机场一号航站楼西侧发展综合交通枢纽的构想。2006年1月，上海市"十一五"规划提出建设虹桥综合交通枢纽，初步形成磁悬浮、高速铁路、普通铁路、轨道交通、公交出租、长途客运、航空港等多种交通方式紧密衔接、便捷换乘的现代化大型综合交通枢纽。2006年底，上海虹桥综合交通枢纽的主体工程全面开工。2007年，习近平同志在上海时提出，抓住虹桥综合交通枢纽建设的机遇，继续聚焦现代服务业集聚区建设，积极推动企业集聚、产业集群、创新集成，不断优化现代商务商贸服务环境，为建设上海国际贸易中心作出新贡献。2010 年，虹桥枢纽开始正式投入使用。2010 年，国务院《长江三角洲地区区域规划》提出依托虹桥综合交通枢纽，构建面向长三角、服务全国的商务中心。在虹桥枢纽建成初期，由于城市功能建设和商务导入较慢，城市功能发展滞后。直至 2013 年开始，虹桥枢纽地区功能导入开始加快，集聚了一批国际和国内企业总部。

2018 年 11 月 5 日，习近平总书记在首届中国国际进口博览会开幕式上宣布：为了更好发挥上海等地区在对外开放中的重要作用，"将支持长江三角洲区域一体化发展并上升为国家战略"。虹桥枢纽地区迎来快速发展时期。2019 年 5 月，中共中央、国务院印发的《长江三角洲区域一体化发展规划纲要》提出虹桥商务区发展的新定位、新目标、新要求，打造虹桥国际开放枢纽，建设国际化中央商务区、国际贸易中心新平台。同年，11 月 13 日，上海市人民政府发布《关于加快虹桥商务区建设打造国际开放枢纽的实施方案》，进一步明确了虹桥商务区的定位和目标，实现 151.4 平方公里商务区整体协调发展，并提出到 2022 年成为带动区域经济高质量发展的重要引擎，到 2025 年基本建成虹桥国际开放枢纽。

此后，虹桥地区的区域功能快速发展，区域的商务功能、功能平台、公共设施的完善，集聚一批国际和区域性企业总部。2021 年 2 月，国务院批复《虹桥国际开放枢纽建设总体方案》，明确了虹桥国际开放枢纽建设的指导思想、发展目标、功能布局和主要任务。

2. 虹桥国际开放枢纽的功能定位

《虹桥国际开放枢纽建设总体方案》提出，到 2035 年虹桥国际开放枢纽将全面建成，形成"一核两带"功能布局。"一核"是上海虹桥商务区，区域面积达到 151 平方公里，主要承担国际化中央商务区、国际贸易中心新平台和综合交通枢纽等功能（图5.9）。

"两带"是以虹桥商务区为起点延伸的北向拓展带和南向拓展

背靠西部新城区，腹地广阔。在上海都市圈空间范围内，虹桥枢纽宜作为圆心，以 10 000 平方公里划定的上海都市圈空间范围，包括上海的行政区划和江浙的近沪区域，即嘉兴市的平湖、嘉善，苏州的部分市辖区和昆山、常熟和太仓；以 80 公里为半径，则再增加嘉兴的部分市辖区和海盐，南通的通州、海门和启东。

5.2.3 五个新城

1. 郊区新城的演变历程

（1）第一代卫星城建设阶段。

为了减少市区人口过分拥挤的问题，使全市人口合理分布，上海市曾编制"1956—1967 年近期规划草图"，提出建立近郊工业备用地和开辟卫星城的规划构想，为后来编制"上海市 1958 年城市建设初步规划总图"作了准备。"上海市 1958 年城市建设初步规划草图"首次提出规划建设吴泾、闵行、安亭、嘉定、松江等五个卫星城。1959 年，《关于上海城市总体规划的初步意见》提出有计划地发展卫星城镇的建设方针；在已有的五个卫星城基础上，新规划北洋桥、青浦等 12 个卫星城；提出在 15 年左右的时间里，使卫星城人口达到 180—200 万，每个卫星城人口在 10—20 万左右。[①]

（2）第二代卫星城建设阶段。

1982 年，《上海市城市总体规划纲要》提出，近阶段要集中力量建设吴淞、金山和闵行三个卫星城，从政策上要鼓励职工及其家属迁往卫星城。到 1982 年底，卫星城人口 42.5 万人。当时，闵行、吴泾、安亭、嘉定、松江、金山卫、吴淞—宝山七个卫星城已有相当基础。除嘉定外，其余各个卫星城都有铁路支线，吴淞、吴泾、闵行还有较好的水运条件。1986 年，国务院

---

① 参见《上海城市规划志》编纂委员会：《上海城市规划志》，上海社会科学院出版社 1999 年版，第 98—101 页。

批复同意《上海市城市总体规划方案》，提出由中心城逐步向卫星城、近郊工业小城镇疏散人口，第二代卫星城由此开始实施建设。[①]

（3）新城建设起步阶段。

2001 年 5 月，国务院正式批复同意了《上海市城市总体规划（1999—2020 年）》，提出形成"中心城—新城（含县城，下同）—中心镇—集镇"组成的多层次城镇体系。规划新城 11 个，分别是宝山、嘉定、松江、金山、闵行、惠南、青浦、南桥、城桥及空港新城和海港新城。新城人口规模一般为 20—30 万人。由于新城是以区（县）政府所在城镇或依托重大产业及城市重要基础设施发展而成的中等规模城市，故对优化上海城市空间结构有一定的局限性。

（4）"1966"城镇规划体系建构阶段。

在上海市"十一五"规划中，上海提出"1966"四级城镇体系，将"大上海"的概念突破 660 平方公里中心城区，扩大至整个上海 6 340 平方公里的范围。其基本构架是：1 个中心城、9 个新城、60 个左右的新市镇、600 个左右的中心村。其中，1 个中心城是上海市外环线以内的 600 平方公里区域；9 个新城是宝山、嘉定、青浦、松江、闵行、奉贤南桥、金山、临港新城、崇明城桥。规划总人口 540 万左右，其中松江、嘉定和临港新城 3 个发展势头强劲的新城，人口规模按照 80—100 万规划，总人口数量在 270 万左右。与中心城区的距离上，松江为 40 公里，嘉定为 28 公里，临港新城为 75 公里。[②]

（5）五个新城发展阶段。

上海市"十二五"规划提出，发展嘉定新城、松江新城、浦东临港新城、青浦新城、奉贤南桥新城、金山新城和崇明城桥新城七大新城；优化提升嘉定、松江新城综合功能，建设长三角地

---

① 参见《上海城市规划志》编纂委员会：《上海城市规划志》，上海社会科学院出版社 1999 年版，第 106 页。

② 参见苏莎莎、潘鑫：《上海卫星城建设的历史演化及其启示》，《上海城市管理职业技术学院学报》2008 年第 3 期。

区综合性节点城市；加快青浦新城建设，提升产业和居住功能；大力发展浦东南汇新城，建设综合性现代化滨海城市；加快奉贤南桥新城发展，加强功能性开发和提高综合配套水平；与产业结构调整相结合推动金山新城发展；支持崇明城桥新城走特色发展道路。

"十三五"期间，上海大力推进新城功能建设。上海市"十三五"规划提出，发挥新城优化空间、集聚人口、带动发展的重要作用，按照控制规模、把握节奏、提升品质的原则，分类推进新城建设；将松江新城、嘉定新城、青浦新城、南桥新城、南汇新城打造成为长三角城市群综合性节点城市。《上海市城市总体规划（2017—2035年）》提出形成"主城区—新城—新市镇—乡村"的市域城乡体系，重点建设嘉定、松江、青浦、奉贤、南汇等新城，培育其成为在长三角城市群中具有辐射带动能力的综合性节点城市，按照大城市标准进行设施建设和服务配置，规划常住人口约385万人。"十三五"规划和《上海市城市总体规划（2017—2035年）》明确指出嘉定、青浦、松江、奉贤、南汇等五个新城的战略地位。"十四五"规划提升五大新城建设目标为长三角城市群中具有辐射带动作用的独立综合性节点城市。

2. 五个新城功能定位

上海市"十四五"规划提出大力实施新城发展战略，承接主城核心功能，按照产城融合、功能完备、职住平衡、生态宜居、交通便利的新一轮新城建设要求，把五大新城建设为长三角城市群中具有辐射带动作用的独立综合性节点城市，融入长三角区域城市网络（表5.1）。规划要求，践行现代城市建设理念，以中长期集聚百万人口为目标，加快创业创新人才集聚，夯实产业和科技基础，加快提升交通枢纽能级，完善公共服务配套，丰富文旅资源，加强与周边地区乃至长三角城市联动发展，把五大新城打造成为上海未来发展具有活力的重要增长极和新的战略支点。

五大新城中心	总体导向
嘉定新城中心	围绕远香湖,重点培育文化、科技创新等核心功能,形成辐射沪苏方向以及上海西北地区的区域综合服务中心
青浦新城中心	围绕青浦新城站,重点培育文旅、商贸等核心功能,形成辐射沪湖方向以及环淀山湖的区域综合服务中心
松江新城中心	围绕松江枢纽和中央公园,重点培育文化、科教等核心功能,形成辐射沪杭方向以及上海西南地区的区域综合服务中心
奉贤新城中心	围绕金海湖,重点培育科技创新、商贸等核心功能,形成辐射杭州湾北岸地区的区域综合服务中心
南汇新城中心	围绕滴水湖,集聚自贸试验区开放型核心功能。发展新型贸易、跨境金融、总部经济、航运服务等功能,营造世界级商业商务环境。服务国际多元化人群,展现海纳百川的文化魅力,发展文化博览、休闲娱乐、创新创意、旅游观光等功能,激发24小时持续活力

3. 五个新城的空间位置

五个新城处于主城区外围,《关于本市"十四五"加快推进新城规划建设工作的实施意见》提出各新城将加快形成支撑"30、45、60"出行目标的综合交通体系框架,即30分钟实现内部通勤及联系周边中心镇,45分钟到达近沪城市、中心城和相邻新城,60分钟衔接国际级枢纽。五个新城能完善上海城市空间结构。五个新城不仅与主城区功能互补、相互赋能,它们之间也将功能互补。更为重要的是,它们分别成为上海的副中心,连接近沪城市,节点城市和近沪城市将与主城区一道,形成上海都市圈空间结构。

(1)嘉定新城。

东至横沥河—城市开发边界—绿意路—浏翔公路,南至蕰藻浜,西至嘉松北路,北至城市开发边界。面积159.5平方公里(图5.12)。

图 5.12
嘉定新城空间位置示意图

资料来源：课题组绘制。

（2）青浦新城。

东至油墩港—章泾江—老通波塘，南至沪青平公路—中泽路—沪青平公路（新），西至青赵公路—上达河—西大盈港—五浦路—青浦大道—青顺路—新塘港路—新开泾—三分荡路—青浦大道，北至沪常高速（S26）。面积91.1平方公里（图5.13）。

图 5.13
青浦新城空间位置示意图

资料来源：课题组绘制。

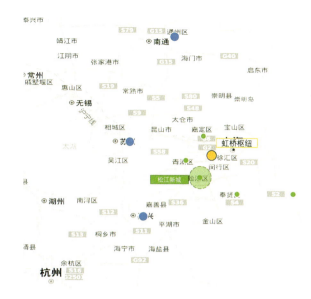

图 5.14
松江新城空间位置示意图

资料来源：课题组绘制。

（3）松江新城。

东至区界—铁路金山支线，南至申嘉湖高速（S32），西至上海绕城高速（G1503），北至辰花路—卖新公路—明中路—沈海高速（G15）—沪昆铁路。规划面积 158.4 平方公里（图 5.14）。

（4）奉贤新城。

东至浦星公路，南至上海绕城高速（G1503），西至南竹港—

图 5.15
奉贤新城空间位置示意图

资料来源：课题组绘制。

业集聚发展;一方面推进现代制造业集聚发展,形成了"东南西北"四大产业基地。20世纪90年代末期,上海的工业企业分布呈现出"1 + 3 + 9"的基本格局。其中,"1"是指与南汇合并前的浦东新区,"3"是指漕河泾、闵行两个经济技术开发区和位于上海金山区的化学工业区,"9"是指位于上海郊区的宝山区、青浦区、嘉定区、闵行区、松江区、南汇区、奉贤区、金山、崇明县等9个市级工业区。[①]产业集群初步形成。

进入21世纪,"退二进三"政策的范围扩大,上海对中心城区边缘地区的杨浦、彭浦、桃浦、吴泾等传统工业(含部分重工业)集中地区进行改造、调整和转型,并加快工业向国家级、市级工业园区集中。2010年,市级以上工业区增加值占全市工业增加值比重达到75%以上。对于现代服务业,政府也引导其向园区、商务区、服务区集聚。上海市"十一五"规划明确提出,着力打造一批现代服务业集聚区,在中心城区完善高端服务功能,并充分利用历史文化资源和工业建筑,规划建设一批知识密集、

图 5.17
上海市产业总体布局图

资料来源:上海市经济和信息化委员会,《上海市产业地图》,2018年。

---

① 参见于欢:《上海产业空间布局的演变和优化建议》,《商场现代化》2014年第8期。

多元文化、充满活力的创意产业集聚区，在郊区则推进建设具有特色的生产性服务业集聚区。①

"十二五"至"十四五"期间，上海多中心产业集群发展格局进一步形成。2018年11月7日，《上海市产业地图》发布。从全产业角度出发，产业布局聚焦融合性数字产业、战略性新兴产业、现代服务业和现代农业，从空间和产业两个维度，描绘了16个区、67个重点区域、3＋5＋X区域以及27个行业的现状和未来（图5.17）。在上海市产业地图编制后，上海产业集群的空间布局进一步优化，多中心格局进一步明确。

《上海市产业地图》的现状图针对重点行业，梳理标识了企业和创新资源；未来图明确了上海各区及重点区域产业布局定位，比如聚焦"3＋5＋X"区域，即临港、虹桥、世博三大功能区域，桃浦、南大、吴淞、吴泾、高桥五大转型区域，前瞻布局高端高新产业，提高集群显示度，力争将它们建设成为高经济密度的

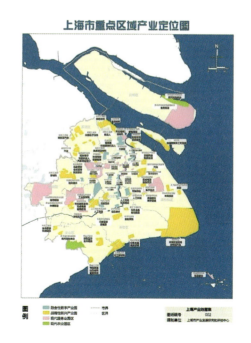

图 5.18
上海市"3＋5＋X"区域产业定位图

资料来源：上海市经济和信息化委员会，《上海市产业地图》，2018 年。

---

① 参见林兰、屠启宇：《上海产业结构演变及其政策思考（1978—2010）》，《上海经济研究》2013 年第 8 期。

"产业新区"（图 5.18）。①

2."十四五"期间重点发展产业集群

（1）上海市重点发展产业集群。

上海市"十四五"规划提出，上海要聚焦集成电路、生物医药、人工智能等关键领域，以国家战略为引领，推动创新链、产业链融合布局，培育壮大骨干企业，努力实现产业规模倍增，着力打造具有国际竞争力的三大产业创新发展高地；促进电子信息产业稳中提质，扩大生命健康产业多元优质供给，以新能源、智能网联为方向提升汽车产业特色优势和规模，提升高端装备产业自主研发、制造与系统集成能力，推动新材料产业集约化、高端化和绿色化发展，打造时尚高端的现代消费品产业；建设高品质园区载体，实施特色产业园区培育工程，布局一批高能级、专业化特色园区，推进一批重点园区整体转型升级，促进产业集群多中心发展（图 5.19）。

图 5.19
"十四五"上海特色产业园区布局（首批）

资料来源：上海市"十四五"规划。

---

① 参见俞凯：《〈上海市产业地图〉正式出炉：未来产业发展的布局图、作战图》，澎湃新闻 2018 年 11 月 7 日。

（2）虹桥国际开放枢纽产业布局。

《虹桥国际开放枢纽建设总体方案》明确了虹桥国际开放枢纽的产业布局。

构建国际会展之都的重要承载区。推动会展经济国际化、专业化、品牌化发展，大力引进国际知名会展企业总部、境内外专业组展机构、国际品牌重要展会及其上下游配套企业，支持打造具有国际竞争力的会展集团。推进周边配套载体建设，为打造国际会展之都提供有力支撑。依托苏州便捷交通条件和成熟商务配套设施，打造虹桥中央商务协作区。依托杭州湾北岸丰富的文化资源、优美的自然环境和良好的商务条件，打造特色国际商务区。

建设富有特色的现代服务业集聚区。积极吸引管理、会计、法律等咨询服务机构入驻，推动专业服务业集聚发展。依托虹桥临空经济示范区发展航空服务业及配套产业，鼓励发展飞机整机、航空发动机等融资租赁业务，积极发展飞机全周期维护、航空资源交易、航空培训等高附加值业务，开展航空服务业重点企业特殊监管创新试点，支持建设金山华东无人机空港、平湖直升机空港，打造苏州（太仓、相城）航空航天材料产业基地，建设全球航空企业总部基地和高端临空服务业集聚区。

深化建设高标准的国际化中央商务区。建设富有特色的现代服务业集聚区，吸引会计、法律、咨询等专业服务机构入驻。依托虹桥商务区推动高端商务、会展、交通功能深度融合，深化"放管服"改革，加快打造法治化、市场化的国际化营商环境，加快发展现代化服务业，持续深化长三角协同开放，引领长三角更好参与国际合作与竞争。创设虹桥国际商务人才港，开展国际人才管理改革试点，为境外高层次专业服务人才来华执业及学术交流合作提供签证、居留、永久居留便利。深化建设虹桥数字贸易跨境服务集聚区。

（3）新城产业布局。

"十四五"期间上海将构建新城高端产业发展带，与全市产业布局协同发展，形成服务支撑上海、联动辐射长三角的产业格局。

服务支撑上海，发挥新城增量空间优势，承接中心城区产业、创新、教育、文化、人才等资源导入，实现城市功能的互补和赋能，为提升全市能级和核心竞争力提供有力支撑。联动辐射长三角，通过沪宁、沪杭、杭州湾北岸等经济发展走廊，加强与江苏昆山、吴江、太仓以及浙江嘉善、平湖等长三角城市群的联动发展，促进资源要素的双向流通，推动产业协同分工，共建高端产业集群。[1]

表 5.2
五个新城产业定位

资料来源：根据《关于本市"十四五"加快推进新城规划建设工作的实施意见》整理。

新　城	产业定位
嘉定新城	以汽车产业为主导，加快发展智慧出行服务，做大智能传感器及物联网、高性能医疗设备及精准医疗等特色产业，培育新业态新模式
青浦新城	以信息技术为代表的数字经济为主导，做大现代物流、会展商贸等特色产业
松江新城	以智能制造装备为主导，做大新一代电子信息、旅游影视等特色产业，培育生物医药、工业互联网等新兴产业
奉贤新城	以美丽健康产业为主导，做大中医药等特色产业，培育智能网联汽车等产业
南汇新城	以临港新片区集成电路、人工智能、生物医药、航空航天等"7+5+4"现代化产业体系为主导，建设未来创新之城

---

[1]　参见上海市人民政府：《关于本市"十四五"加快推进新城规划建设工作的实施意见》，2021 年。

6

上海都市圈中心城区的更新与再生

1949 年 10 月，新中国成立时，上海市行政区划面积 636.18 平方公里，中心城区面积仅为 82.4 平方公里。为了满足经济社会发展的需要，上海中心城区的行政区划经历多次调整，规模不断扩大。截至 2020 年底，上海市管辖 16 个市辖区，其中，中心城区面积约 660 平方公里，包括：黄浦区（黄浦区、原南市区、原卢湾区）、徐汇区、长宁区、静安区（静安区、原闸北区）、普陀区、虹口区、杨浦区以及浦东新区外环线以内的城区。在中心城区演变的过程中，其自身持续更新和再生，适应了城市功能转型升级的需要。

In October 1949, when the People's Republic of China was established, the administrative division of Shanghai covered an area of 636.18 square kilometers, in which the central district only covered 82.4 square kilometers. In order to meet the needs of social and economic development, the division of Shanghai's central district has undergone several adjustments and has been expanding in size. By the end of 2020, Shanghai Municipality had 16 administrative districts, of which the central area covers about 660 square kilometers. The central area includes the Huangpu District (Huangpu District, former Nanshi District, and former Luwan District), Xuhui District, Changning District, Jing'an District (Jing'an District and former Zhabei District), Putuo District, Hongkou District, Yangpu District, and the urban area within the outer ring of Pudong New District. In the process of evolution, the central districts continuously develop through renewal and regeneration and have adapted to the transformation and upgrading of urban functions.

6.1　中心城区空间格局的演变

新中国成立以来，上海经济社会快速发展，城市规模不断扩大。作为上海都市圈第一圈层的主体，中心城区形态和结构发生了深刻嬗变。在上海城市功能扩张的驱动下，中心城区向四周蔓延式扩展。直到浦东开发开放，上海中心城区的空间格局基本确定。

6.1.1　1949—1980 年：空间范围向四周蔓延阶段

1949 年，新中国成立时，上海市行政区基本保持原有状况。上海市市域总面积为 636.18 平方公里，其中市区面积 82.40 平方公里，郊区 529.43 平方公里。黄浦、老闸、邑庙、蓬莱、嵩山、卢湾、常熟、徐汇、长宁、普陀、闸北、静安、新成、江宁、北站、虹口、北四川路、提篮桥、杨浦、榆林 20 个市区为中心城区。[1] 中心城区是人口和产业集聚地。

1949—1980 年间，上海在变"消费城市"为"生产城市"的思想指导下，工业企业和居住区围绕中心城区建设，导致中心城区向四周蔓延式扩张。在此期间，经国务院批准，上海市行政区划进行了多次调整，以适应城市功能的调整和中心城区扩张的需求。

1952 年 9 月，上海市撤销新市区，将江湾和新市合并为江湾郊区；设立东昌区，将洋泾区划分为东昌、洋泾两个郊区。全市仍辖 20 个市区，10 个郊区。1953 年，上海市为了更好地管理散居在水上的船民，以黄浦江、苏州河及其 68 条支流水域设置水上区，此时上海增加为 31 个区。

---

[1]　数据来自上海市统计局：《上海市国民经济和社会发展历史统计资料：1949—2000》，中国统计出版社 2001 年版，第 3 页、第 4 页。

1956 年 2 月，经国务院批准，市区合并为 15 个区。其中，黄浦区和老闸区合并为新的黄浦区；闸北区和北站区并为新的闸北区；北四川路区并入虹口区；徐汇区和常熟区合并为徐汇区；撤销静安区，分别划入新成和长宁两区；撤销嵩山区，分别划入邑庙区和卢湾区；将郊区合并为三大郊区：高桥、洋泾和杨思区并为东郊区；吴淞、江湾和大场区三区并为北郊区；真如、新泾和龙华区三区并为西郊区。1956 年 6 月，因散居水上船民大部分都已在陆上定居，水上区被撤销。此时，黄浦、邑庙、蓬莱、卢湾、徐汇、长宁、普陀、闸北、新成、江宁、虹口、提篮桥、榆林、杨浦、东昌等 15 个区为中心城区，东郊、北郊、西郊三个区为郊区。[①]

1958 年 1 月，经国务院批准，原江苏省的上海县、宝山县、嘉定县划归上海市。1958 年 10 月，经国务院批准，上海撤销三大郊区；撤销西郊区，其城市地区并入徐汇、长宁、普陀三区，农村地区并入上海、嘉定两县；撤销北郊区，其城市地区并入闸北、虹口、提篮桥、榆林、杨浦五区，郊区并入宝山县；撤销东昌、东郊区，设立浦东县。1958 年 11 月，经国务院批准，江苏省苏州专区所辖的松江县、金山县、南汇县、川沙县、奉贤县、青浦县六县划归上海。1958 年 12 月，江苏省南通专区所辖的崇明县划入上海市。此时，中心城区包括黄浦、邑庙、蓬莱、卢湾、徐汇、长宁、普陀、闸北、新成、江宁、虹口、提篮桥、榆林、杨浦 14 个区。这次调整不仅帮助上海解决了城市发展所面临的空间制约，有助于落实中央对上海发展的新要求。更为重要的是，作为城市快速发展时期空间拓展的制度性安排，这次行政区划调整对上海城市空间重构和城市功能重塑产生了重大且长远的影响。

1960 年 1 月，经国务院批准，上海将 14 个市区合并为 10 个市区；撤销江宁区、新成区，设立静安；撤销蓬莱区、邑庙区，

---

① 数据来自上海市统计局：《上海市国民经济和社会发展历史统计资料：1949—2000》，中国统计出版社 2001 年版，第 4 页。

设立南市区；撤销榆林区，并入杨浦区；撤销提篮桥区，并入虹口区。上海县的部分地区（包括吴泾）及宝山县的部分地区划出，分别设立闵行区和吴淞区；杨浦区的五角场地区划归宝山县。1960 年 3 月，浙江省舟山县嵊泗人民公社划属上海市。全市有黄浦、南市、静安、卢湾、徐汇、长宁、普陀、闸北、虹口、杨浦、闵行、吴淞 12 个区和浦东、松江、上海、川沙、南汇、奉贤、金山、青浦、嘉定、宝山、崇明 11 个县。其中，黄浦、南市、静安、卢湾、徐汇、长宁、普陀、闸北、虹口、杨浦等 10 个区为中心城区。1961 年 1 月，经国务院批准，上海撤销浦东县建制，将原浦东县农村部分划归川沙县，邻近市区的城镇分别划归黄浦、南市、杨浦等 3 个区。此时上海市辖 12 区、10 县。1961 年，嵊泗人民公社划归浙江省。[①]

1964 年 5 月，经国务院批准，上海撤销闵行区、吴淞区，分别并入徐汇、杨浦区。到 1980 年，上海市的区划 16 年未变，有黄浦、南市、卢湾、徐汇、长宁、闸北、静安、虹口、杨浦、普陀 10 区和上海、嘉定、宝山、川沙、南汇、奉贤、松江、金山、青浦、崇明 10 县。其中黄浦、南市、卢湾、长宁、闸北、静安、虹口、普陀及徐汇和杨浦区的部分地区为中心城区。

6.1.2　1980—1991 年：中心城区空间范围重塑
　　　　阶段

在这段时期，中心城区呈同心圆式向四周蔓延，空间范围进一步扩大。

1980 年 10 月，经国务院批准，上海将宝钢地区和宝山县部分划为吴淞区的行政区划。1981 年 2 月，经国务院批准，上海恢复闵行区，将徐汇区的闵行、吴泾地区以及上海县的部分地区划

---

① 参见上海市统计局：《上海市国民经济和社会发展历史统计资料：1949—2000》，中国统计出版社 2001 年版，第 4 页。

为闵行区的行政区划。

1984 年 9 月，国务院批准将原属上海县的北新泾镇划入长宁区，龙华镇、漕河泾镇划入徐汇区；将原属嘉定县的真如镇划入普陀区；将原属宝山县的江湾镇划入虹口区；将原属宝山县的五角场镇划入杨浦区；将原属川沙县的洋泾镇划入黄浦区。1988 年 1 月，国务院批准撤销吴淞区和宝山县建制，建立宝山区。

6.1.3 1992 年至今：中心城区空间范围扩张阶段

在这一段时期，随着浦东大开发的深入推进，中心城区空间范围大幅度扩张。在此期间，中心城区行政区划也经历多次调整，最终空间范围得以确定。

1992 年 9 月，经国务院批准，上海撤销原闵行区、上海县建制，建立闵行区；将上海县的新泾乡和虹桥乡的虹四村、西郊村划归长宁区；将龙华乡和虹桥乡的虹三、虹南、星联、长春四个村，以及梅陇乡的桂林、牌楼、和平三村划归徐汇区；将嘉定县的长征乡和桃浦乡划归普陀区；将原属宝山区的彭浦乡划入闸北区。1992 年 10 月，经国务院批准，上海建立浦东新区；将原属黄浦区的陆家嘴街道、崂山西路街道、张家浜街道、潍坊新村街道、梅园新村街道、罗山新村街道、洋泾镇、原属南市区的周家渡街道、塘桥街道、上钢新村街道、南码头街道、杨思镇、原属杨浦区的歇浦路街道、原属上海县的三林乡及原川沙县全境划入浦东新区。[①]1992 年 10 月，国务院批准撤销嘉定县建制，建立嘉定区。1997 年 4 月，国务院批准撤销金山县建制，建立金山区。1998 年 2 月，国务院批准撤销松江县建制，建立松江区。1999 年 2 月，国务院批准撤销青浦县建制，建立青浦区。

浦东新区的大开发，使得中心城区的空间格局向上海东部延

---

① 参见上海市统计局：《上海市国民经济和社会发展历史统计资料：1949—2000》，中国统计出版社 2001 年版，第 5 页。

伸。这一时期是中心城区空间范围大幅扩大的阶段。1990 年以后，随着上海经济、技术水平的提高，南浦大桥、杨浦大桥及越江隧道相继建成，上海城市发展跨越了黄浦江这一障碍。城市向东部发展的瓶颈被打破，中心城区开始向东部扩张。

2001 年，经国务院批准的《上海市城市总体规划（1999—2020 年）》将上海中心城区定义为外环线（A20 公路）以内的区域，涉及 14 个区，内环线以内的区域称为老城区。至此，上海中心城区的空间范围相对稳定。此后，中心城区经历了几次行政区划的改变。2000 年，南市区划入黄浦区。2001 年 1 月，奉贤县、南汇县撤县建区。2009 年，上海撤销南汇区，将其行政区域并入浦东新区。2011 年，上海撤销黄浦区和卢湾区建制，组建新的黄浦区。2015 年，静安区与闸北区正式合并，组成新的静安区。2016 年，上海市下辖的崇明县撤县设区，改制为崇明区。由此标志着上海市告别下辖县，形成下辖 16 个市辖区的新格局。

2018 年，《上海市城市总体规划（2017—2035 年）》指出，中心城为外环线以内区域，范围面积约 664 平方公里，规划常住人口规模约 1 100 万人。截至 2020 年底，上海有 16 个市辖区，面积 6 340.5 平方公里。16 个市辖区具体为黄浦区、徐汇区、长宁区、静安区、普陀区、虹口区、杨浦区、浦东新区、闵行区、宝山区、嘉定区、金山区、松江区、青浦区、奉贤区、崇明区。其中，黄浦区、徐汇区、长宁区、静安区、普陀区、虹口区、杨浦区以及浦东新区的外环内城区（浦东外环线以内的城区）为中心城区，面积约 664 平方公里。中心城区外的主城片区面积约 466 平方公里，包括：虹桥片区 86 平方公里，川沙片区 97 平方公里，宝山片区 84 平方公里，闵行片区 199 平方公里。[①] 中心城区、主城片区，及高桥镇、高东镇紧邻中心城地区约 31 平方公里，构成上海的主城区，面积约 1 161 平方公里，是上海都市圈第一圈层。其中，面积约 664 平方公里的中心城区是上海都市圈第一圈层的主体。

---

① 参见上海市人民政府：《上海市城市总体规划（2017—2035 年）》，上海科学技术出版社 2018 年版，第 56 页。

图 6.1
2021 年上海中心城区示意图

资料来源：根据《上海市城市总体规划（2017—2035年）》绘制。

6.2　中心城区的更新

　　城市更新（urban renewal）是将城市中不能够适应现代经济社会与生活发展需要的地区作必要改建的活动。城市更新侧重于对形态的改变，主要是对原有的物质环境进行改造和修复，或对原有建筑或设施拆除进行重建或再开发，以一种新的物质环境替代原有的物质环境。

　　中心城区是一个城市的核心区域，在城市发展中占据核心地位，代表一个城市的形象和特质，能够集中反映一个城市的经济社会特征。城市更新是城市发展的一种自我调节机制。伴随着城市的发展，中心城区不断更新和再生。在上海建设现代化国际大都市圈的进程中，上海城市功能不断提升，中心城区的功能和产业结构也随着上海城市发展而不断更新升级。纵观上海的中心城区发展，其更新主要经历了如下几个特征鲜明的阶段。

6.2.1　1949—1978 年：住宅改造阶段

　　新中国成立后，在国家变"消费城市"为"生产城市"方针的指引下，恢复和发展经济成为上海的首要任务。此时，中心城区是人口和产业的集聚地。中心城区的老旧住宅存量较大，住宅主要是旧式里弄、简屋和棚户，以及花园住宅。城区内老旧住宅的加建和改建现象尤为突出，居住和生活条件差，存在交通拥挤、公共环境混乱和消防治安等问题。

1958年，上海市委指出，上海建设和发展的总方向是：在妥善全面地安排生产和保证人民生活日益增长的需要下，工业进一步向高级、精密、尖端的方向发展，不断提高劳动生产率，使上海在生产、文化、科学、艺术等方面建设成为世界上最先进美丽的城市之一。[1]1959年，《关于上海城市总体规划的初步意见》提出"逐步改造旧市区，严格控制近郊工业区的发展规模，有计划地建设卫星城"的城市建设和发展方针。在住宅建设方面，这个意见指出，根据市区现有2 700多万平方米正式住宅和460多万平方米简屋来看，其中60%是抗日战争前建成的，大都已经陈旧，建筑密度很高。规划近期以外围地区新建为主，为旧区大规模改建创造条件。第一阶段（大致8—10年）的目标是消灭棚户、简屋，城市重点地区面貌改观；拆除全部棚户460万平方米和其他六级房屋90万平方米，以及五级以上房屋150万平方米。第二阶段（再用15—20年时间）的目标是改造陈旧（旧式里弄）房屋，使城市面貌根本改观；拆除剩下的全部五级房屋750万平方米，四级以上房屋150万平方米。两个阶段共拆除全部棚户、简屋、旧式里弄，约占居住房屋2 700万平方米（不连棚户）的40%。由于用地缺乏，市区内建造住宅最低四层，还需要修建相当数量八层以上的高层住宅，以腾出更多土地进行绿化、修建公共建筑。[2]

在这段时期，中心城区更新主要是以对旧城区住宅的拆迁改造为主，并进行零星个别的改建，增加居住区生活配套设施，居民居住条件得到了一定的改善。同时，为发展工业生产，工业企

---

① 参见《上海城市规划志》编纂委员会：《上海城市规划志》，上海社会科学院出版社1999年版，第98页。

② 同上书，第101页。

业周边建设新住宅，造成了居住区和非居住区混杂的现象。20 世纪 70 年代后期，中心城区更新对环境进行整治。政府建设了公共绿地，对部分道路、公共基础设施及上海东站、上海体育馆等公共活动中心进行了改建，使得城市面貌得到一定的改善。但是，中心城区内部的房屋、道路等基础设施的混杂结构没有根本性改变，中心城区的环境面貌也没有得到显著改善。1978 年底，中心城区有 3 000 多家工厂，1 万多个生产点，居住区与非居住区混杂，生活环境质量恶化。483 万平方米的棚户简屋急需改建，交通日益拥挤，污水处理能力滞后。[①]

6.2.2 1979—1990 年：成片住宅区和重点区域改造阶段

在改革开放初期，上海经济建设还是以工业发展为主，中心城区更新以对生活条件差的地区进行改造为主。1983 年 9 月，上海市规划局编制的《上海市中心城绿化系统规划图》及《上海市园林绿化系统规划说明》，首次提出中心城绿化"多心开敞"的布局结构，并对公共绿地进行分级建设和管理维护；把开辟环状绿带和放射性林荫干道，扩建已有园林绿地，发展专用绿地、提高绿化覆盖率等纳入规划。[②]1984 年上海完成《上海市城市总体规划方案》，1986 年获得国务院批准。国务院批复指出，上海是中国最重要的工业基地之一，也是中国最大的港口和重要的经济、科技、贸易、金融、信息、文化中心。规划提出"建设和改造中心城，充实和发展卫星城，有步骤地开发'两翼'，有计划地建设郊县小城镇"的指导方针，并对中心城区从住宅、公共活动中心、工业区几个方面提出更新规划指引。[③]

---

① 参见《上海城市规划志》编纂委员会：《上海城市规划志》，上海社会科学院出版社 1999 年版，第 103 页。

② 参见欧胜兰、吕耿：《都市生态空间的区域管治机制探究——对上海市生态空间规划的启示》，2012 中国城市规划年会，2012 年。

③ 参见《上海城市规划志》编纂委员会：《上海城市规划志》，上海社会科学院出版社 1999 年版，第 11 页。

专栏 6.1　1984 年《上海市城市总体规划方案》中心城区改造方案

1984 年《上海市城市总体规划方案》提出旧区改造要有重点地、相对集中地进行。从虹桥机场—涉外区—上海展览馆—市政中心—南京路商业中心—外滩—陆家嘴，辅之以铁路新客站附近的天目中路以及肇家浜路等道路，成为东西方向的主要街道、广场和建筑群。自十六铺—中山东—路外滩—吴淞路—四平路，辅之以西藏路，成为南北方向的主要街道、广场和建筑群，这些地区作为今后旧区改建的重点，大力建设多功能的高层综合楼，以适应日益增加的对外经济技术交流和金融贸易的需要，较快地改变城市面貌。

南京路外滩，在上海城市建设中具有一定的历史意义。要在不影响原有建筑特点的情况下，适当加以充实更新。黄浦江东岸的陆家嘴地区，要结合仓库、码头的调整和工厂、住宅的改建，扩大绿地，建造新的建筑，形成欣欣向荣的滨江面貌。人民广场一带进行通盘规划，建成新的建筑群、开旷的绿化地带和游憩场地。豫园附近旧城厢的改建，尽可能保持原有建筑风貌。南京东路和淮海中路的部分地段考虑开辟步行街（区），既保持原有特色，又体现现代化的要求。

中心城工业用地，按规模规划为工业区、工业街坊、工业点。与居民矛盾大的一些工厂和车间，将结合生产发展和技术改造，逐步向工业街坊、工业区和卫星城迁并。适当发展高层厂房。对占用办公大楼、住宅、公寓、学校进行生产的工厂和仓库，要积极创造条件，逐步让出，恢复建筑原来的使用功能。

资料来源：《上海城市规划志》编纂委员会：《上海城市规划志》，上海社会科学院出版社 1999 年版，第 109 页、第 111 页。

20 世纪 80 年代，中心城区更新主要是按照急需先改的原则，对棚户区和危房进行成片拆除和改建，改善居民居住条件。在此时期，中心城区的工业企业开始外迁，腾空出来的工业用地建设了一批住宅、办公楼和商业大厦。政府对重点地区如人民广场、外滩地区、徐家汇商城地区、天目西路—不夜城地区等重点区域进行系统改造，综合考虑重点区域内道路交通、住宅、公共建筑和绿化等，系统改造使得城市布局趋向合理。同时，政府对道路交通和市政公用设施、公共环境进行改造，改善城市环境。这段时期的更新改造，对上海环境面貌和城市功能的恢复起到了积极作用。

6.2.3 1991—2000 年：中心城区大面积改造更新阶段

1992 年召开的党的十四大明确提出要把上海建成"一个龙头、三个中心"的战略目标。上海提升城市功能，对中心城区更新提出了新的要求。

随着 1991 年 5 月《上海市住房制度改革实施方案》正式实施，住房制度的改革和土地有偿使用制度正式开始，中心城区更新进入了新的阶段。1992 年，在上海市第六次党代会上，市委、市政府进一步明确把旧区改造、改善居住的起点落在结构简陋、环境最差的危棚简屋上，提出"到本世纪末完成市区 365 万平方米危棚简屋改造（简称'365 危棚简屋'），住宅成套率达到 70%"。[1] 由此，上海拉开了大规模旧区改造的序幕。

这一段时期是上海中心城区更新大规模投入的时期。政府围绕改造危棚简屋、调整工业布局和建设交通等公共基础设施，加大中心城区更新步伐，取得了显著的效果，城市面貌显著提升。2000 年底前全部拆除"365 危棚简屋"的预定目标顺利完成。全市共拆除各类房屋 2 900 万平方米，动迁安置 66 万户，涉及 250 万人；新建住宅 1.2 亿平方米，解决人均 4 平方米困难户 10 万户。上海人均居住面积从 1991 年 6.6 平方米提高到 11.8 平方米，住房成套率从 34% 提高到 75%。[2] 根据上海总体功能定位的要求，中心城区有计划有步骤地搬迁和疏解不适合在中心城区发展的工业企业，并在"退二进三"产业政策的指引下，对中心城区现有产

---

[1] 参见许璇：《上海"365 危棚简屋"改造的历史演进及经验启示》，《上海党史与党建》2015 年第 9 期。

[2] 参见中共上海市委党史研究室等：《上海城市建设发展》，上海人民出版社 2004 年版，第 177 页。

业结构进行更新，将腾出来的土地发展符合城市功能定位的信息金融和商务办公等现代服务业。同时，这一段时期对交通等公共基础设施进行的大规模改造和建设，极大地提升了中心城区的综合服务功能。

在这个时期，上海建成了一批能够展示现代化国际大都市面貌的标志性建筑，以浦西外滩和浦东小陆家嘴为核心的中央商务区初步建成。中心城区贸易和金融功能进一步提升，中心城区的集聚和辐射功能得到加强，城市能级显著提高。

6.2.4　2001年至今：改造与保护再生并行阶段

随着中心城区90年代开始的"365危棚简屋"工作目标的完成，中心城区大拆大建的更新方式已经成为过去式，中心城区更新开始进入拆迁改造、保护和功能提升并行的阶段。

2001年，国务院批复同意《上海市城市总体规划（1999—2020年）》，指出上海是中国重要的经济中心和航运中心、国家历史文化名城，并将逐步建成社会主义现代化国际大都市，国际经济、金融、贸易、航运中心之一；中心城区重点发展以金融保险业为代表的高层服务业和以信息产业为代表的高科技产业。总体规划明确中心城区发展规划，为中心城区更新提出了指引。

2000—2015年间，中心城区更新主要聚焦中心城区二级旧里以下房屋的大力改造，主要采用"拆、改、留、修"并举的模式，兼顾"成套率""平改坡""历史建筑和风貌街区保护新改造"等要求。2009年，《关于进一步推进本市旧区改造工作的若干意见》提出，"重点推进中心城区成片、成规模和群众改造意愿强烈的二级旧里以下房屋改造"。至"十二五"（2015年）结束，上海通过旧区改造，全市共拆除危旧房7 300多万平方米，约130多万户家庭改善了居住条件。然而，以"大拆大建"为主要特征的更新给城市面貌带来了很多负面影响，旧城改造过程中也存在大量社会问题。

上海市"十三五"规划提出创新旧区改造模式，完成黄浦、虹口、杨浦等中心城区 240 万平方米改造任务。上海市"十四五"规划提出，本届党委政府任期内全面完成约 110 万平方米中心城区成片二级旧里以下房屋改造任务，到 2025 年全面完成约 20 万平方米中心城区零星二级旧里以下房屋改造任务。以拆迁改造为主的更新在未来主要是"零星旧改"，表明侧重于形态改变为主的中心城区更新已经成为过去。

2015 年 5 月，《上海市城市更新实施办法》指出，城市更新主要是指对上海市建成区城市空间形态和功能进行可持续改善的建设活动。重点包括：完善城市功能，强化城市活力，促进创新发展；完善公共服务配套设施，提升社区服务水平；加强历史风貌保护，彰显人文底蕴，提升城市魅力；改善生态环境，加强绿色建筑和生态街区建设；完善慢行系统，方便市民生活和低碳出行；增加公共开放空间，促进市民交往；改善城市基础设施和城市安全，保障市民安居乐业。《上海市城市更新实施办法》的发布标志着上海城市更新的理念发生了重大改变。2015 年以来，中心城区更新主要是侧重于功能提升和再生，进入到存量改造、功能再生的城市更新阶段。

6.3 中心城区的再生

城市再生（urban regeneration）重点是调整、改善城市旧城区的功能，提升甚至再造城市历史城区的活力和环境品质，对象主要是城市旧城区。城市再生侧重于功能提升，包括原有社区的再发展，采用有机更新及生态修复的措施，改造已有的城市建筑或道路等基础设施，使其功能恢复或产生新的功能。

中心城区的再生在 20 世纪 90 年代的工业遗址保护再生中已有体现。2003 年，上海市颁布《上海城市风貌保护条例》，历史文化风貌区成为法定的城市特定区域。《上海市城市更新实施办法》的发布标志着上海城市更新的理念发生了重大改变。中心城区更新进入以保护和功能提升的再生阶段。2015 年上海市"十三五"规划、2018 年《上海市城市总体规划（2017—2035 年）》和上海市"十四五"规划中都体现了中心城区更新以保护和功能再生的思想。中心城区再生包括工业遗址保护利用、产业园区再生、历史文化建筑和街区保护再生、社区功能再生等几个方面。

6.3.1　工业遗址保护再生

作为中国近代工业的发源地，上海中心城区有着一批风格独特、具有科学和历史价值的老厂房和老仓库。苏州河和黄浦江沿岸等区域存在大量的工业厂房。随着中心城区功能的提升，工业企业外迁，大量厂房闲置下来。工业遗址是上海城市文化的重要组成部分，如何在保护好工业遗址的前提下发挥其在当代的价值，具有重要意义。在保留老建筑历史风貌的基础上，通过创意设计和改造并注入新的元素，工业遗址获得再生。保护再生能够体现历史文脉和现代文明，能够有效地改善周边环境，塑造具有特色的新的城市形象，提升城市功能。

上海市"十四五"规划提出，黄浦江沿岸地区要坚持还江于民，结合城市更新推进杨浦滨江中北段、徐汇滨江南延伸及浦东滨江南延伸段等滨水岸线贯通，为市民提供更多公共休闲空间。规划要求，整合沿岸文化场馆和活动空间，保护和活化外滩、北外滩、杨浦滨江、民生码头、徐汇上粮六库等沿江历史、文化和工业遗产，增加驿站、红色书屋等文体、商业和休憩设施，植入创新主体和元素，实现"工业锈带"向"生活秀带""发展绣带"的转变。

专栏 6.2　徐汇滨水工业遗产的保护与再利用

余德耀美术馆的应运而生，也是利用了上海飞机制造厂飞机库的大跨无柱空间特点等。还结合公众的活动需求，将原始的工业传输带设计成二层的步行平台，让人们能够在错位的时代中，有别样的步行体验，通过强化记忆场所、增强居民的归属感和认同感。

余德耀美术馆

　　徐汇滨江岸线目前正在全力推进丰谷路南面地段建设，旨在与北面已开发的节点地段相贯通。为了重塑工业遗产的地域风格和文脉，正在开发建设的南部的徐汇滨江，将保留原始的航空跑道、机库，结合历史文脉形成具有航空特色的综合商务区，唤起人们对"场所精神"的共鸣。

　　部分原始工业建筑厂房，采取功能置换等策略，引入公共活动，建设文化休闲区，让原始工业遗产的场所精神重生。这种放射性的、复合化的功能定位，将会使得滨水与腹地融合在一起。

　　徐汇滨江是城市快速发展背景下，人们对于滨水工业遗产的新的价值认知。"以人为本"的城市设计概念越来越深入人心，每一块地都是地域性和文脉的结合，因此通过新旧景观元素的对比来加强场地"关系"，即通过工业遗产与新的材料构造形成对比，以塑造特有的工业景观并让人们懂得原始的工业功能。

资料来源：上海交大建筑遗产保护中心，https://www.sohu.com/a/195010243_714203，2017 年 9 月 27 日。

6.3.2 历史文化建筑和街区保护再生

上海中心城区汇聚大量的历史和文化元素。20世纪90年代以来的大拆大建，对部分中心城区的城市风貌特色造成了破坏。随着经济的发展，群众和政府逐渐意识到历史文化保护的重要性。更新的政策从过去注重简单的物质环境转变为注重内涵式发展。自《上海市城市总体规划（1999—2020年）》划定11片历史文化风貌保护区后，根据2003年出台的《上海市历史文化风貌区和优秀历史建筑保护条例》，上海先后于2003年重新划定了中心城区12片历史文化风貌区，2005年增加了32片郊区历史文化风貌

表 6.1
历史文化风貌区与风貌保护街坊一览表

保护类型	基本情况	名　　录
历史文化风貌区	44片历史文化风貌区，其中中心城浦西12片，郊区和浦东新区32片	中心城浦西：外滩历史文化风貌区、人民广场历史文化风貌区、老城厢历史文化风貌区、衡山路—复兴路历史文化风貌区、虹桥路历史文化风貌区、山阴路历史文化风貌区、江湾历史文化风貌区、龙华历史文化风貌区、提篮桥历史文化风貌区、南京西路历史文化风貌区、愚园路历史文化风貌区、新华路历史文化风貌区 浦东新区和郊区：浦东高桥老街历史文化风貌区、新场历史文化风貌区、川沙中市街历史文化风貌区、大团北大街历史文化风貌区、航头下沙老街历史文化风貌区、南汇横沔老街历史文化风貌区、南汇六灶港历史文化风貌区，罗店历史文化风貌区、七宝老街历史文化风貌区、浦江召楼历史文化风貌区，嘉定州桥历史文化风貌区、嘉定西门历史文化风貌区、娄塘历史文化风貌区、南翔双塔历史文化风貌区、南翔古猗园历史文化风貌区、枫泾历史文化风貌区、张堰历史文化风貌区，松江府城历史文化风貌区、松江仓城历史文化风貌区、泗泾下塘历史文化风貌区，朱家角历史文化风貌区、金泽历史文化风貌区、练塘历史文化风貌区、青浦老城厢历史文化风貌区、重固老通波塘历史文化风貌区、徐泾蟠龙历史文化风貌区、青浦白鹤港历史文化风貌区，奉城老城厢历史文化风貌区、奉贤青村港历史文化风貌区、庄行南桥塘历史文化风貌区，堡镇光明街历史文化风貌区、崇明草棚村历史文化风貌区
风貌保护街坊	119处	黄浦区金陵东路沿线、巨鹿路—茂名南路沿线、南外滩老码头与滨江五库、世博浦西园区船坞与中国船舶馆等街坊，静安区新闸路—胶州路沿线、四行仓库、上海鼓风机厂、彭浦机器厂、上海冶金矿山机械厂、闸北公园等街坊，徐汇区交通大学、徐家汇天主教堂、华商上海水泥股份有限公司龙华厂、桂林公园等街坊，虹口区虹口港沿线、和平公园等街坊，杨浦区滨江工业遗产地区、同济大学、复旦大学、上海理工大学、同济新村等街坊，普陀区曹杨新村、华东师范大学、上海面粉厂、上海啤酒厂等街坊，宝山区二纺老公房、上钢一厂、吴淞煤气厂、玻璃博物馆等街坊，浦东新区川沙、张江、三林、大团等镇的部分街坊

资料来源：上海市人民政府，《上海市城市总体规划（2017—2035年）》，2017年。

区，2007 年公布了 144 条风貌保护道路。《上海市城市总体规划（2017—2035 年）》划定了 44 片历史文化风貌区和 119 处风貌区外风貌保护街（表 6.1）。

中心城区更新理念从过去的"拆、改、留"转变为"留、改、拆"，从过去的"大拆大建"转变为"以保护保留为主，以保护为原则，拆除为例外"的理念，积极探索历史文化资源的活化利用，在深度挖掘城市独特生态魅力上下功夫，通过挖掘历史建筑和风貌街区文化资源，让老建筑真正再生。上海市"十四五"规划提出以城市更新促进功能更新，在商业商务载体中融入特色居住功能和活力开放空间，挖掘中央活力区集聚的城市历史文化价值，整街区打造衡复等历史风貌区，增加更多特色产业功能和多样化公共空间。

6.3.3 产业园区功能再生

20 世纪 80 年代，中心城区按照"退二进三"的产业政策，对产业结构进行调整。位于中心城区的旧工业区面临功能和转型的挑战。其中，部分旧工业区向非产业功能转型，部分保留产业用地属性。保留产业用地性质的旧工业区主要是采取内部产业升级和新兴产业置换的方式得以再生。

漕河泾工业区是内部产业升级而再生的旧工业区代表。产业内部升级维持原有旧工业区的功能和性质不变，通过向产业链上端提升，对工业进行升级，进而从工业经济向服务型经济转型，实现工业区转型发展，以符合中心城区的功能需求。漕河泾工业区 1957 年的规划定位是精密仪器工业基地，在 1983—1987 年建成漕河泾微电子工业区。后续，产业定位转向信息产业、新材料、生物医药、航空航天和仪器仪表等高科技领域，成立漕河泾新兴技术开发区。2005 年之后，上海规划设立漕河泾现代服务业集聚区，集聚金融、物流等各类现代服务企业。漕河泾现代服务业集聚区已集聚起一批跨国公司地区总部、研发中心和设计中心。

20 世纪 90 年代，一批工业区由于生产成本上升、效益下降，及其带来的环境污染问题，本身的功能和性质不符合中心城区功能定位。通过实施改造，其着手发展效益较高的第二产业或是第三产业。长风工业区转型建设成为长风生态商务区，是旧工业区通过功能改造获得再生的典型代表。[①]

专栏6.3 依"山"傍"水"长风生态商务区转型重获新生

20 世纪三四十年代，因漕运便利，长风地区诞生了一批近现代工业企业，如中央制药厂、天厨味精厂、美光火柴公司等；五六十年代，全市合并 100 多家小单位，在这里迁建化工、机械、铸造、轻工制造业等各类工厂 32 家，长风工业区初步形成；八九十年代，随着新一轮工业现代化，长风工业区迎来最辉煌的时代，国营的沪江铜厂等入驻，上海眼镜厂、金达印刷厂等小型工业企业，也在这里扎根。

20 世纪 90 年代中后期，长风工业区里的企业中仅有 36% 赢利，32% 勉强维持，32% 已经破产或停产，原本上下班时熙熙攘攘的路面日现萧条。工业区年耗煤量超过 5 万吨，日排污水 100 吨以上的企业有 32 家，污染情况严重。外来拾荒人员混居，脏乱差情况严重，安全隐患丛生。

普陀区政府吸收各方意见，主张全面改造长风工业区，建设生态商务区。区政府拟定《长风地区综合开发调研报告》，希望将长风地区精心打造成为苏州河生态景观走廊建设的示范性工程。

2003 年 1 月 10 日，时任上海市常务副市长韩正在市政府专题会议上，听取了普陀、长宁两区关于苏州河两岸改造的方案介绍，他说："两个区的方案有很多兴奋点，普陀区有这一边的方案，长宁区有那一边的方案。总的来说，都看到了这个地区将发生翻天覆地的变化！"韩正充分肯定了两个区方案所体现的开发理念和思路，使与会人员深受鼓舞。

至此，长风生态商务区建设正式启动，建设范围为：在普陀区南部的内环和中环线之间，东起长风公园和华东师范大学，南临苏州河，北以金沙江路为界，西至真北路中环线，规划面积 2.2 平方公里，处在繁华都市核心圈。

---

① 参见王美飞：《上海市中心城旧工业地区演变与转型研究》，硕士论文，华东师范大学，2010 年。

作为全国首个以并购为主题的功能区，2014 年在长风生态商务区成立的"上海普陀并购金融集聚区"有多项举措全国首创：在业界率先创设 7 家并购银行类金融机构，建成开放全球首个并购主题博物馆等。三年来共吸引基金 180 余家，投出项目 234 个，累计对外投资 63 亿元，为 3.5 万余家市场主体提供并购服务，实现各类产权交易总额 5 455.58 亿元，年均增长 50% 以上。

资料来源：东方网，http://city.eastday.com/gk/20170918/u1a13280426.html，2017 年 9 月 18 日。

6.3.4 社区功能再生

"十二五"时期，成片改造为主的中心城区更新基本完成。中心城区更新重点开始转向社区综合品质的提升，提升社区的综合服务功能。2016 年 8 月发布的《上海市 15 分钟社区生活圈规划导则》定义了 15 分钟社区生活圈："是上海打造社区生活的基本单元，即在 15 分钟步行可达范围内，配备生活所需的基本服务功能与公共活动空间，形成安全、友好、舒适的社会基本生活平台。"[1]2018 年，《上海市城市总体规划（2017—2035 年）》提出构建 15 分钟"社区生活圈"的理念以及配置生活所需的基本服务功能和公共开放空间要求。其中，对公共开放空间的要求有三点：第一，每 500 米服务半径布局一处社区公园，面积不小于 3 000 平方米；第二，增加绿地、广场等公共空间，居民 5 分钟能步行至公共开放空间（400 平方米以上的公园和广场）的可达覆盖率达 90%；第三，实现人均 4 平方米社区公共空间的规划目标，包括社区公园、小广场、街角绿地。

15 分钟"社区生活圈"的提出标志着上海城市更新的工作进入功能再生阶段，重点转向提升社区的综合品质；老旧住区更新也从单体建筑的修缮改造逐渐转向整体片区的宜居性改造更新，注重

---

① 　参见上海市规划和国土资源管理局：《上海市 15 分钟社区生活圈规划导则》，2016 年，第 1 页。

社区功能的系统性更新。老旧住宅区通过高效和集约化的改造更新，全面提升社区文化、社区服务和社区产业功能，使其拥有舒适的多样化住宅环境、更多的就近就业空间和低碳安全出行的方式，拥有便捷可达且类型丰富的社区服务，以及活力宜人的公共空间。

> ## 专栏 6.4 徐汇邻里汇打造家门口 5 分钟生活服务圈 15 分钟社区生活圈
>
> 面对日益多元化的居民服务需求，从 2016 年起，徐汇区着力改变公共服务空间少资源散的现状，打造了"邻里汇"这样的一种全新服务载体。目前已建成"邻里汇"16 家，总面积达 2.4 万平方米，服务活动受益群众达数十万人次。2018 年，徐汇区以 15 分钟社区生活圈，家门口 5 分钟生活服务圈为标准，打破街镇界域规划布局"邻里汇"；形成"1 + 19 + 304"多层级社区服务网络，即 1 个邻里国际中心，19 个以社区为中心的邻里汇，304 个以居委会为延伸的"邻里小汇"。
>
> 邻里汇 365 天 24 小时全时段开放，居民在这里结伴休闲聊天，也可以接待家中来客，更可以在这里参与社区自治，协商公共事务、协调邻里关系。可以说，邻里汇是社区居民的共享空间、社区服务的载体阵地和社区共治的重要平台。邻里汇也为居民提供幼托、晚托、亲子服务，节假日还可以开展各种种植体验、烘焙培训、亲子活动。有了这样一个公共空间，居民通过活动交流拉近距离、互相熟识，慢慢产生社区归属感，整个社区就会更有凝聚力，更加和谐。家门口的医疗资源，最大的好处就是便捷。邻里汇接入了医疗卫生站点，有一支专业的家庭医生团队坐镇，居民在家门口就能享受诊疗配药、打针输液、推拿按摩、健康自检等服务。很多患慢性病、小毛小病的居民上午就诊，下午取药，不必去大医院大排长龙。
>
> 未来，邻里汇还将继续向上延伸。徐汇区将在漕河泾高科技开发园区建一个 4 万多平方米的邻里国际中心。这个邻里国际中心将打造全新"邻里国际"的理念，在文化、运动健身、就餐、托幼等方面满足高科技园区白领年轻化、专业化、个性化、一站式的社区生活服务需求。

资料来源：新浪上海，http：//sh.sina.com.cn/news/zw/2018-07-25/detail-ihftenia1412622.shtml。

7

上海都市圈的
新城建设

在中心城区的外围出现新城，有两个主要的解释，职住平衡和产业转移。职住平衡说认为，随着城市的发展，中心城区"人满为患"，在其郊区出现以居住为主要目的的新城镇，直至行政区划周边的城市也加入这个行列。为了方便上下班并缩短通勤时间，轨道交通应运而生，并获得快速发展。"都市圈"英译"metropolis"，"metro"是轨道交通，主要指地铁；"polis"最早是希腊的城邦，以后也是城市。东京都市圈就一直有"轨道上的城市"的美誉。职住平衡关系的演变是新城乃至都市圈形成的重要原因之一。由此，我们看到的演化逻辑是，从一个城市的中心城区到郊区新城，再到周边城市，都市圈的圈层结构跃然纸上。郊区新城、周边城市一开始往往是中心城区的"睡城"，主要承担"住"的功能。产业转移和产业链分工几乎同时出现，进而产城人融合，职住关系趋于平衡，产业也在更大空间集聚和布局。

There are two explanations for the emergence of new cities on the outskirts of the central district：job-housing balance and industrial transfer. According to job-housing balance theory, central districts become overcrowded as cities grow. Thus, new cities for residential purpose have emerged in suburban areas. Gradually, surrounding cities around the administrative division also become residential areas for commuters. To shorten the commuting time for commuters, construction of subway lines began and have been developing rapidly. The word "metropolis" is a combing form of *metro* and *polis*. *Metro* itself means subway lines. *Polis* is originally from Greek-meaning city-state. The Tokyo Metropolitan Area has been known as the "city on rails." The evolution of job-housing balance is one of the major reasons for the formation of new cities and metropolitan areas. Thus, a city's evolutional logic is to transform from a central district to suburban new cities, surrounding cities, and then to a metropolitan area. In the beginning, the suburban new cities and surrounding cities are always "commuter towns" or "bedroom communities." They are, in essence, populated areas that are primarily residential rather than commercial or industrial. At the same time, industrial transfer and the division of labor of the industrial chain emerged, which led to the integration of industry, city, and people. The job-housing balance has been achieved, and industries have assembled and laid out in larger spaces.

7.1　上海郊区新城的演变

　　上海的郊区新城建设，随着历次城市总体规划的调整，经历了从"卫星城"到"新城"的发展历程，并逐渐成为上海大都市区城镇体系的主要构成层级之一。新中国成立初期，上海市政府实施卫星城计划，1958年率先从闵行开始，之后又规划建设了吴泾、松江、嘉定、安亭等卫星城。1972年，政府结合杭州湾北岸上海石油化工总厂，规划建设以大型石油化工企业为主的金山卫星城。1983年，政府结合长江南岸宝山钢铁总厂建设，规划建设以大型钢铁企业为主的吴淞——宝山卫星城。该阶段卫星城的规划建设对上海经济发展、合理调整工业布局、分散市区人口起到了积极作用。[①]

　　进入21世纪，上海城市规划建设的视野和高度再度提升。2001年1月5日，上海市政府印发了《关于上海市促进城镇发展的试点意见》，明确上海"十五"期间重点发展"一城九镇"，即重点建设松江新城和安亭、浦江、朱家角等9个中心镇。2006年，上海市"十一五"规划中提出了"1966"城镇体系规划，将"1个中心城＋9个新城"作为规划建设的重点。2002年上海申办世博会成功后，市城市规划委员会审议并同意了《关于加快推进上海新城规划建设工作情况的汇报》，确定上海重点规划建设南桥、青浦、嘉定三座郊区新城，并将这三座郊区新城建设列为"十二五"发展重点，以郊区新城的形式来容纳上海未来的产业发展和人口导入。

　　随后，上海历经"十二五"规划、"十三五"规划和最新的《上海市城市总体规划（2017—2035年）》的持续优化调整，宝山区和闵行区先后被纳入中心城区，而金山滨海地区和崇明城桥

---

① 参见苏智良：《上海城区史》，学林出版社2011年版。

地区则被定位为以核心镇为引领的特色发展地区。与此同时，作为郊区城市副中心的松江、嘉定、青浦、奉贤、南汇"五个新城"逐渐明确。"十四五"时期，上海提出《关于本市"十四五"加快推进新城规划建设工作的实施意见》，明确指出嘉定、青浦、松江、奉贤、南汇等五个新城的战略地位（图7.1）。五个新城建设将以职住平衡为核心要求，同时做到产城融合、功能完备、生态宜居、交通便利和治理高效。在产业发展、公共服务、综合交通和环境治理等方面做到集中规划、全面赋能，不仅与中心城区功能互补、相互赋能，五个新城之间也将功能互补。

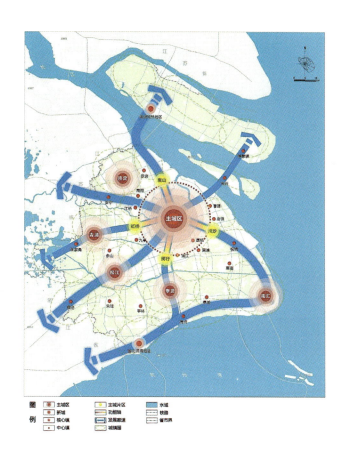

图 7.1
上海市域空间结构图

资料来源：《上海市城市总体规划（2017—2035 年）》。

值得注意的是，与原来的卫星城、郊区新城不同，上海"十四五"规划提出的"五个新城"，不是简单地承接中心城区人口和功能疏解，而是按照集聚百万人口规模、形成独立功能的要求，打造"长三角城市网络中的综合性节点城市"。

7.2 嘉定新城建设

嘉定新城是上海市城市总体规划确定的近期重点发展的五座新城之一，目标是建成以现代服务业、世界级体育休闲产业和高科技产业为核心的现代化城市，亦为上海都市圈西北翼的区域性核心城市。嘉定新城已开发面积约75平方公里（图7.2）。2020年末，户籍人口67.4万人。[1] 近年来，嘉定新城坚持高起点规划、高品质建设、高内涵发展，城市功能、整体面貌、公共服务和人居环境不断提升，基本实现"出好形象"的阶段性目标。

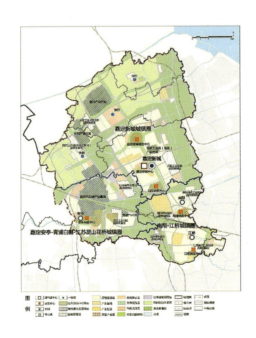

图 7.2
嘉定新城示意图

资料来源：《上海市城市总体规划（2017—2035 年）》。

产业方面，嘉定新城以打造"国际汽车智慧城"和长三角新能源智能汽车"硅谷"为契机，构建以汽车"新四化"、智能传感

---

① 数据来自《上海统计年鉴》(2020)。

器及物联网等千亿级产业和在线新经济为引领的新动能体系，成为全市高质量发展增长极、"五型经济"的重要承载区和产城融合发展的示范标杆。科创方面，嘉定新城依托上海科创中心重要承载区建设，推进院地合作、校地合作两个千亿级科技园建设，打造长三角城市群中的"创新技术策源地、创新要素集散地、创新成果转化地"。交通方面，嘉定新城争创国家智慧交通先导试验区，开展国家智慧城市基础设施与智能网联汽车协同发展先行先试，成为长三角智慧交通最佳实践区和示范体验区。公共服务方面，嘉定新城推动一批高能级公共服务设施建成运营，建成一批高品质公共空间，举办一批具有全国乃至全球影响力的文体赛事和节庆活动，成为上海全球著名体育城市重要承载区。生态环境方面，嘉定新城率先建成"公园城市""低碳城市""韧性城市""无废城市"。

"十四五"时期，嘉定按照"四个高地"的发展目标，立足打通长三角一体化和虹桥国际开放枢纽的链接通道，实施新城"北拓西联"扩区计划：向北，拓展至嘉定工业区北区，规划面积由122.4平方公里扩大至159.5平方公里；向西，联动安亭枢纽，以"安亭北站＋安亭西站"为核心，形成2.2平方公里的交通枢纽功能联动区，有力带动嘉定新城空间结构和功能布局进一步优化，构建"一核一枢纽、两轴四片区"的新格局（图7.3）。[①]

其中，"一核"即嘉定新城核心区。聚焦远香湖中央活动区，以城市数字化转型为导向，以打造国家智慧交通先导实验区为引擎，积极推进科技创新总部园建设，率先形成无人驾驶、智慧车列等"独一份"应用场景，全面提升研发总部、公共服务、智慧治理、生态休闲等综合功能，打造新城"智核中心"。"一枢纽"即安亭枢纽。以安亭北站、安亭西站为核心，无缝连接虹桥国际开放枢纽北向拓展带、沪苏城市带和沪宁合产业创新带，以提升长三角沪宁和沿江廊道的衔接枢纽、嘉昆太一体化区域交通枢纽、上海西北翼城市级客运枢纽功能为重点，打造站城一体化、辐射

① 参见上海市嘉定区人民政府：《嘉定新城"十四五"规划建设行动方案》，2021年。

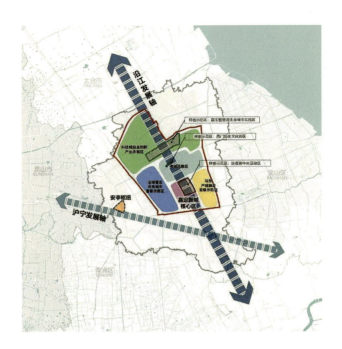

图 7.3
嘉定新城空间结构示意图

资料来源:《嘉定新城"十四五"
规划建设行动方案》。

长三角的综合交通枢纽。"两轴"即沪宁发展轴和沿江发展轴。依
托沪宁城际铁和轨道交通 11 号线,打造西向辐射的沪宁发展轴;
依托沪苏通铁路和轨交嘉闵线及北延伸,打造西北向辐射的沿江
发展轴。"四片区"即马东产城融合发展示范区、科技城自主创新
产业承载区、全球著名体育城市重要承载区和老城风貌区。东部
马东产城融合发展示范区,围绕站点综合开发,加快产业转型升
级,植入高端产业功能,打造高强度开发、高密度产出、高效率
运营的新城产城融合发展示范;北部科技城自主创新产业承载
区,围绕"卡脖子"技术突破和先导产业发展,发挥国家级科研
院所集聚优势,服务辐射嘉昆太协同创新核心圈,打造新城高端
产业发展"腹地";西部全球著名体育城市重要承载区,围绕国家
体育产业示范基地创建,放大 F1 赛车场和市民体育公园等资源优
势,打造公共体育、运动休闲和赛事活动中心,不断提升嘉定体
育在长三角城市群中的辐射力和影响力;中部老城风貌区,围绕
西门、州桥保护性开发,深入挖掘历史人文底蕴,推动嘉定传统
的教化文脉与全国文明城区的时代新风交相辉映。

　　未来打造"国际汽车智慧城"这张闪亮的名片，从名字上可以解读"国际"是未来国际化的标准，"汽车"是主导产业，"智慧"包括汽车"新四化"、智慧传感器和智慧医疗，这是一个大概念，不是泛指某一个园区而是大产业园区的概念。建设国家智慧交通先导试验区，既是嘉定立足自身优势、抢抓示范引领的战略选择，也是新城"独此一份"的特殊作为。

　　一方面，城市建设，交通先行。智慧交通将有力提升"人—车—路—云—城"协同作战能力，有助于打通城市"大动脉"、畅通"毛细血管"，提升整个城市和城市群的通达性。另一方面，智慧交通，以人为本。通俗地讲，就是让"聪明的车跑在智慧的路上"，系统整合嘉定汽车全产业链和生态链，使"无人驾驶"融入生产、走入生活，引领人们的出行方式乃至生活方式的变革。依托首个国家智能网联汽车（上海）试点示范区、首个全球5G 智慧交通示范区等城市数字化服务平台，塑造长三角"独一份"的无人驾驶、智能出行等城市服务功能。

　　此外，嘉定新城将进一步扩大上海汽车文化节等品牌活动的影响力，全力打响"汽车文旅、魅力之城"文化品牌。持续承办 F1 国际大赛，推动 F1 电竞中国冠军赛落地。以打造"国际汽车智慧城"和长三角新能源智能汽车"硅谷"为契机，构建以汽车"新四化"、智能传感器及物联网等千亿级产业和在线新经济为引领的新动能体系，成为全市高质量发展增长极。

资料来源：2021 年 3 月 30 日上海市政府新闻发布会。

　　面向"十四五"，嘉定新城将坚持"谋定后动、谋定快动、边谋边动、谋后齐动"，固本培基、增强补弱，全面融合虹桥国际开放枢纽"北向拓展带"规划布局，全面提升城市能级和核心竞争力，努力将嘉定新城建设成为长三角独立的综合性节点城市和上海超大城市副中心。

7.3　青浦新城建设

　　青浦新城的总体定位为上海大都市圈的门户城市、一体化示

范区的中心城市和长三角城市群的枢纽城市，其规划总面积 91.1
平方公里（其中城镇开发边界面积 68.5 平方公里，开发边界内规
划建设用地规模约 61.6 平方公里，战略留白区约 11.3 平方公里）
（图 7.4）。2020 年末，户籍人口 50.31 万人。[①]"十四五"时期，
青浦新城将主要实现五大目标。一是率先建成江南文化新形象，
把青浦新城打造成为一座既古典又时尚、既精致又大气、既繁华
又优雅的具有典型江南文化特征的现代化新城。二是率先建成枢
纽门户新格局，把青浦新城打造成为一座立足一体化示范区、链
接上海大都市圈、辐射长三角城市群的枢纽城市。三是率先建成
数字经济新高地，把青浦新城打造成为联动两大国家战略和拥抱

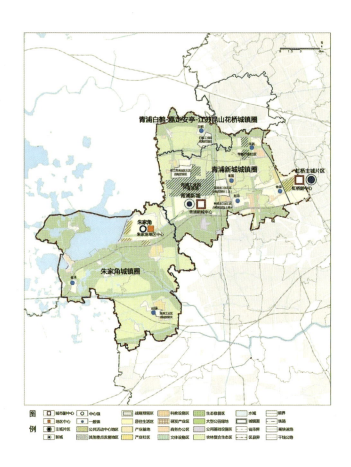

图 7.4
青浦新城示意图

资料来源：《上海市城市总体
规划（2017—2035 年）》。

---

① 数据来自《上海统计年鉴》（2020）。

"长三角数字干线"的重要节点和战略支撑。四是率先建成幸福社区新场景，把青浦新城打造成为一座让人民群众的获得感、幸福感、安全感更加充盈的幸福城市。五是率先建成韧性城市新典范，把青浦新城打造成为一座更安全、更智慧、更可持续的未来城市。

青浦地区地理位置较为优越，背靠虹桥与国展中心，经济增长具有持续发展的潜力。综合考虑区域格局新变化、实际空间联系、城市结构完善与配套能级提升需求、水乡特色风貌连续性等因素，青浦新城将西至城市开发边界、南至沪青平公路—城市开发边界—G50—朱枫公路—沪青平公路、东至新城西边界的范围作为青浦新城功能联动区纳入规划研究与统筹。立足虹桥与示范区两大国家战略高度，融入"双向开放"的区域格局。按照"十四五"时期发展目标的落地要求，构建"一心引领、三片示范、两带融城、水环串联"的总体格局（图7.5）。其中，朱家角镇区与青浦新城之间的生态空间，仍作为生态间隔带予以控制。功能联动区在衔接示范区、先行启动区规划的基础上，与青浦新城密切联动，促进就业和居住在更大范围内的均衡，实现部分高等级高品质公共设施的共建共享，协同推进淀浦河"蓝色珠链"城区段建设与特色功能植入，更好

图7.5
青浦新城空间结构示意图

资料来源：《青浦新城"十四五"规划建设行动方案》。

专栏 7.2　上善江南之城

在青浦 2035 规划中提出的"上海推动长三角更高质量一体化发展的综合性节点城市，引领示范长三角协同创新、绿色发展、文化传承的生态宜居之城"新城定位基础上，结合青浦区的"三城"定位，确定青浦新城的新一轮发展定位是：立足上海大都市圈、引领示范区、辐射长三角的独立的综合性节点城市，独具特色的开放创新之城、水韵公园之城、上善江南之城。

青浦所在的太湖碟形洼地是江浙沪共同的水乡文化发源地，是上海最具"江南水乡"标识性的地区，新城不仅保留了较为完整的地方特色基底，又有老城厢等成片的历史遗留，应当在充分研究和挖掘的基础上，打响文化"IP"，将人文特色融汇到城市空间建设、景观营造和特色节点打造等领域。

以上善江南为气质内涵，打造江南特色、多元包容的人文活力高地。传承水乡文脉，彰显人本理念，探索"新江南水乡"的现代空间演绎模式，提升公共服务品质和能级，推进全龄友好、开放共享的社区生活圈建设，塑造富有地方特色的人居环境。围绕老城厢、梦蝶岛、绿心公园、环城水系、三分荡等特色空间，植入生态教育、消费休闲、文化体验、先锋时尚等多元主题的功能，营建本地居民与商旅人士共享的开放活力街区，丰富城市体验，打造上海城郊人文休闲新地标。

资料来源：2021 年 3 月 31 日上海市青浦区人民政府印发的《青浦新城"十四五"规划建设行动方案》。

地发挥对示范区、尤其是先行启动区的支撑作用。

青浦新城坚持延续生态宜居、产城一体、动能转型、江南特色等导向，加快推进新城建设，取得了显著成效。交通基础设施不断完善、城市框架拉开，"四横二纵"高速公路网、"七横七纵"干路网基本形成，轨道交通 17 号线已建成通车，崧泽高架西延伸正在有序推进中，路网级配结构逐步升级。[1]青浦新城将延续产城一体的战略，重点发展西虹桥商务区、青浦工业园区、现代农业

---

① 参见上海市青浦区人民政府：《青浦新城"十四五"规划建设行动方案》，2021 年。

园等区域。青浦新城近年来以创新研发、商务贸易、旅游休闲等为主要支持，逐步向具有江南历史文化底蕴的水乡都市发展，持续建设现代化湖滨城市。[1]

7.4 松江新城建设

松江新城，东至区界—铁路金山支线，南至申嘉湖高速（S32），西至上海绕城高速（G1503），北至辰花路—卖新公路—明中路—沈海高速（G15）—沪昆铁路，占地约158.4平方公里（图7.6）。2019年末，户籍人口65.95万人。[2] 依托大学城市和G60科技走廊，松江新城集聚了大量科技产业和企业，成为产城深度融合

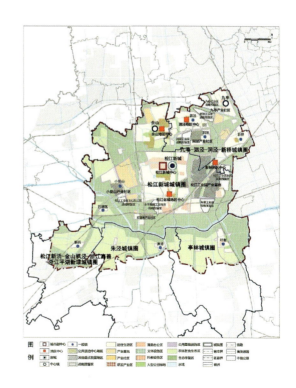

图 7.6
松江新城示意图

资料来源：《上海市城市总体规划（2017—2035年）》。

---

① 参见周振华、张广生主编：《全球城市发展报告 2020：全球化战略空间》，格致出版社 2021 年版。
② 数据来自《上海统计年鉴》（2020）。

的示范区。此外，松江新城作为具有上海历史文化底蕴和自然山水特色的旅游胜地，将率先实现产业和生态的协调发展。①

"十四五"时期，松江新城将聚焦智能制造装备，依托现有重点企业，发展新能源汽车、智能机器人、高端能源装备、智能硬件等领域，推动装备制造企业向智能制造应用服务及解决方案提供商转型，打造集设计、研发、制造、服务于一体的智能制造装备产业体系。依托长三角 G60 科创走廊国家战略平台优势，松江新城强化创新策源功能，激发松江大学城科创活力，链接长三角产业、技术、资金、人才等要素资源，加快引进重大产业项目，推动产学研用一体化发展，构筑以科技创新为核心的产业新优势。同时，不断发展旅游影视，发挥佘山国家旅游度假区辐射带动作用，依托广富林文化遗址、方塔园、醉白池等资源，推进以人文松江为特质的全域旅游。② 松江新城将深化上海科技影都建设，加快引进优质影视项目，建设上海文化大都市影视特色功能区。

专栏 7.3　G60 科创走廊

G60 科创走廊覆盖面积约 7.62 平方公里，包含上海、苏州、宣城、合肥、芜湖、杭州、嘉兴、金华、湖州九个城市。作为产业集聚、基础设施互联互通、地区间协同创新的典范，G60 科创走廊在建设品牌园区和产城融合方面走在前列，逐渐成为长三角地区特色的协同创新平台。此外，G60 科创走廊将作为长三角高质量发展的一个重要"引擎"，驱动区域内"中国制造"向"中国创造"转变。

G60 科创走廊在不断升级空间范围的过程中，伴随着长三角地区不断深化合作、产业链融合、区域一体化的过程，是中国经济最具活力、城镇化水平最高的代表性区域之一。

资料来源：上海市人民政府：《关于本市"十四五"加快推进新城规划建设工作的实施意见》，2021 年。

---

① 参见上海市人民政府：《上海市新城规划建设导则》，2021 年。
② 参见史博臻：《瞄准"发力点"因地制宜加快新城特色功能集聚》，《文汇报》2021 年第 26 期。

松江新城形成"一廊两核"的产业空间布局。一廊指长三角G60科创走廊，体现创新驱动发展的核心动力，提升九科绿洲（临港松江科技城）、松江经济技术开发区等区域产城融合能级。两核包含两个功能区，一是"松江枢纽"核心功能区，建设集综合交通、科技影都、现代商务、文化旅游、现代物流等于一体的功能区；二是"双城融合"核心功能区，推动松江新府城和松江大学城"科创、人文、生态"深度融合，强化G60科创走廊大学科技园创新策源功能，深化大学城与广富林人文资源、方松行政资源、中山国际生态商务资源优势互补。结合沪昆高铁、沪杭城际、沪苏湖铁路，将松江南站打造为松江枢纽，引入嘉青松金线、东西联络线。结合9号线，规划建设嘉青松金线、东西联络线、12号线西延伸等轨道交通线路，进一步加强与相邻新城、浦东枢纽、主城区的轨道交通联系。[①]

7.5 奉贤新城建设

奉贤新城是上海2035城市总体规划中重点推进的五大新城之一，在上海市"十四五"规划中，奉贤新城规划成为上海南部滨江沿海发展走廊上具有鲜明产业特色和独特生态禀赋的节点城市。奉贤新城规划范围，东至浦星公路，南至G1503上海绕城高速，西至南竹港和沪杭公路，北至大叶公路，总面积67.91平方公里（图7.7）。2019年末，户籍人口54.19万人。[②] 规划到2035年人口为100万左右。[③] "十四五"时期奉贤新城将立足"新片区西部门户、南上海城市中心、长三角活力新城"，目标打造为环杭州湾发展廊道上具有鲜明产业特色和独特生态禀赋的综合性节点城市，形成创新之城、公园之城、数字之城、消费之城、文化创意之都的"四城一都"基本框架。

---

① 参见上海市人民政府：《关于本市"十四五"加快推进新城规划建设工作的实施意见》，2021年。

② 数据来自《上海统计年鉴》（2020）。

③ 数据来自上海市奉贤区人民政府：《奉贤新城"十四五"规划建设行动方案》，2021年。

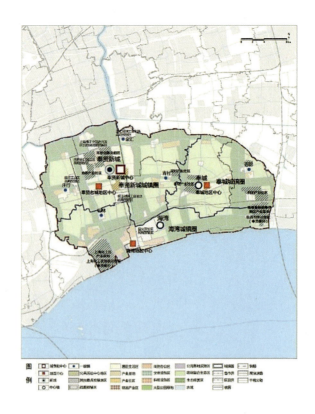

图 7.7
奉贤新城示意图

资料来源:《上海市城市总体
规划（2017—2035 年）》。

　　奉贤新城是奉贤区的政治、经济、文化中心，是具有独特的
生态禀赋与科技创新能力的智慧、宜居、低碳、健康城市。[1]产业
方面，奉贤新城将以"东方美谷"为核心，深耕美丽健康产业发
展，培育产业生态链，扩大品牌影响力，深入推进与张江"双谷
联动"，承接更多全市美丽健康产业重大项目，加快打造上海美丽
健康产业策源地；围绕新能源整车及电驱、电池、电控与储能设
备、充电桩、智能驾驶等领域，吸引更多国内外整车及零部件企
业集聚，推进自动驾驶开放道路测试，探索建立智能网联汽车行
业应用体系，打造智能网联出行链。此外，奉贤新城更是将生态
作为城市底色和亮色，现已拥有 188 个公园，将率先推动"碳达
峰""碳中和"三年行动计划，发布"绿水青山就是金山银山"奉
贤转化指数，努力建设环境友好型城市。

---

① 　参见周振华、张广生主编:《全球城市发展报告 2020：全球化战略空间》，格致出版社 2021 年版。

专栏 7.4 "东方美谷"

　　"东方美谷"的本质是一个工业区，也是上海市众多工业区当中的一个。随着产业的升级，这里面形成了一个新的模式，号称为"美丽产业"的"东方美谷"。"东方美谷"的产业链非常长，且颇具潜力，在未来的发展中，"东方美谷"将发展成为奉贤区的名片。

　　其中，奉贤区的东方美谷大道，面积约 7.8 平方公里。以产城融合发展理念，由东至西形成门户区（健康医疗）、文化区（东方美谷中心）、交通主导示范区（TOD 总部商业商务中心）、产业区（健康研发）的功能布局。区域内汇聚了大量诸如欧莱雅、伽蓝集团等国际著名企业，并聚集全球化的智慧加速创新科技在此率先落地，推动中国初创公司的创新成果扬帆出海，助力奉贤新城成为世界创新中心的引擎。在"十四五"时期的规划建设方案中，东方美谷将以市场为导向，做大中医药产业，丰富美丽健康产业，积极融入衣食住行、医药管理等各领域，打造奉贤"健康指数"。建设美妆行业未来数字化的场景，立足特色优势，推进企业数字化转型升级是东方美谷的重要发展方向。

资料来源：上海市奉贤区人民政府：《奉贤新城"十四五"规划建设行动方案》，2021 年。

　　空间布局方面，奉贤新城逐渐形成"一心一核两轴多区"的产业空间布局（图 7.8）。"一心"指奉贤新城中心区，重点培育创新研发、商贸办公、文化创意等核心服务业，完善医疗、教育、商业等公共服务功能。"一核"指美丽健康产业核，以"东方美谷"为核心，打造美丽健康产业集聚区。"两轴"指东方美谷大道产城融合发展轴，即沿奉浦大道构建实践"东方美谷"战略的重要发展轴；以及设计研发服务轴，沿金海路集聚创新资源，构建承接科创研发功能的重要轴线。"多区"指工业综合开发区、生物科技园区、星火开发区等产业协同区内的相关园区，其中，临港南桥智行生态谷积极建设特色产业园区，构建智慧出行链。①

① 参见上海市人民政府：《关于本市"十四五"加快推进新城规划建设工作的实施意见》，2021 年。

图 7.8
奉贤新城空间结构图

资料来源:《奉贤新城 "十四五"
规划建设行动方案》

交通方面,奉贤新城增设沪乍杭铁路奉贤站,提升奉贤新城对外铁路服务能力,打造为奉贤新城的对外交通节点,引入奉贤线、南枫线、5 号线,在新城南侧形成奉贤新城枢纽;结合 5 号线,规划建设 15 号线南延伸、南枫线、奉贤线,研究嘉闵线南延伸;依托 G1503 公路、S3 公路和 S4 公路、虹梅南路,形成服务新城的 "两横两纵" 高快速路路网格局。

7.6 南汇新城建设

南汇新城作为中国(上海)自由贸易试验区临港新片区的主城区,规划的大至范围为大治河以南,上海绕城高速(G1503)—瓦洪公路—两港大道—中港以东,规划面积 343.3 平方公里,是临港新片区建设具有较强国际市场影响力和竞争力特殊经济功能区的核心承载区(图 7.9)。2019 年末户籍人口 17.18 万人(依据南汇新城空间范围,此处人口统计采用《上海浦东新区统计年鉴》

图 7.9
南汇新城示意图

资料来源:《上海市城市总体
规划（2017—2035 年）》

中南汇新城镇、书院镇、万祥镇、泥城镇四个地区的人口总和）。[1]
作为上海最为重要的重工业产区，南汇新城囊括了商飞公司、中
航集团、上海电气、上汽等著名企业。到 2025 年，南汇新城将引
进各类高层次人才，力争年均导入人口达 8—10 万人。[2]

　　南汇新城将以"五个重要"为统领，构建集成电路、人工智
能、生物医药、航空航天等"7＋5＋4"面向未来的创新产业体
系，建设国际人才服务港、顶尖科学家社区等载体平台，加快打
造更具国际市场影响力和竞争力的特殊经济功能区。发展方向涉
及"7"大前沿产业，重点发展集成电路、人工智能、生物医药、
航空航天、智能新能源汽车、高端装备、绿色再制造等，着力提
升高端制造业领域的基础优势，大力推动产业基础高级化和产业
链现代化，加快向极端制造、精密制造、集成制造、智能制造等
高附加值环节升级；"5"大现代服务业，提升发展新型国际贸易、
跨境金融、高能级航运、信息服务、专业服务等高端服务功能，
加快离岸和转口贸易发展，做大做强新兴服务贸易、数字贸易，

①　数据来自《上海浦东新区统计年鉴》(2020)。
②　参见周振华、张广生主编:《全球城市发展报告 2020:全球化战略空间》，格致出版社 2021 年版。

专栏 7.5　中国（上海）自由贸易试验区临港新片区

中国（上海）自由贸易试验区临港新片区，位于上海大治河以南、金汇港以东（包括小洋山岛以及浦东国际机场南侧区域），总面积 873 平方公里，由核心承载区、战略协同区两部分组成。

与以往的自贸试验区相比，临港新片区并非简单的面积扩大，而是有明确的、更高的定位，有更丰富的战略任务，更加突出了产业发展新特点。同时，新片区更代表着根本的制度创新，是深化改革开放的再升级。具体而言，在贸易开放方面，新片区将以投资自由、贸易自由、资金自由、运输自由、人员从业自由等为重点，推进投资贸易自由化便利化。在开放型制度方面，新片区参照经济特区管理，积极吸收国际贸易服务体系、跨境金融服务、前沿科技研发的优秀经验，强化开放型经济集聚功能。在产业转型升级方面，扎实推进各项改革举措，整体提升区域产业能级。

资料来源：2019 年 7 月 27 日国发〔2019〕15 号《中国（上海）自由贸易试验区临港新片区总体方案》。

发展跨境金融，培育特色金融优势，加快高能级全球航运枢纽建设，提升数据产业新技术新应用，建设国际数据港，探索数据跨境流动机制，搭建科技服务新平台新载体；"4"大开放创新经济业态，加强培育离岸经济、智能经济、总部经济、蓝色经济等开放创新经济业态。发挥临港新片区政策制度集成优势，积极融入全球科技和产业创新网络，加快集聚全球创新资源，汇聚海内外高端产业人才，聚焦发展硬核科技产业、高端前沿产业，打造面向未来的高端产业基地，进一步凸显对全市产业发展的支撑作用。[①]

空间布局方面，依据"轴向带动格局、大疏大密、有机生长"的空间组织模式，南汇新城规划形成"一核一带四区"的空间结构。"一核"，即滴水湖核心（图7.10），打造具有人口高度集聚、空间多元复合、海湖特色鲜明、城市核心功能完备的城市核心区；围绕新型贸易、跨境金融、总部经济、研发孵化和航运服务等功

[①]　参见上海市人民政府：《关于本市"十四五"加快推进新城规划建设工作的实施意见》，2021 年。

能，营造世界级商业商务环境。"一带"，即沿海发展带，依托两港大道、两港快线等沿海大交通走廊，强化交通快速通达与经济联动功能，串联滴水湖核心和"四区"，促进要素资源高效流通，加快"一核"和"四区"全面融入上海城市发展、长三角一体化和国内国际市场，形成产城融合和开放创新的发展格局。"四区"，即洋山特殊综合保税区（芦潮港区域）、前沿科技产业区、综合产业区、新兴产业区。[①]

交通方面，南汇新城依托浦东枢纽，结合沪乍杭铁路（浦东铁路）、沪苏通二期、南枫线规划形成四团枢纽，预留客运功能，提升对南汇新城的集散服务；规划建设两港快速路、S3 公路二期等，形成 5 条高快速路、7 个对外通道的路网格局，提升新城与相邻新城、浦东枢纽及中心城的轨道交通服务水平，加强与门户枢纽及中心城的快速联系。

---

① 参见上海市南汇区人民政府：《南汇新城"十四五"规划建设行动方案》，2021 年。

7.7 小结

　　总体来看，五个新城建设是上海市"十四五"规划的重要内容。"十四五"期间，五个新城将集中发力、全面赋能，在主城区外围打造上海都市圈第二圈层，从长三角城市网络中脱颖而出。根据规划，五个新城将在产业能级、公共服务、交通枢纽、人居环境四个方面进行提升，以特色产业园区为关键抓手，积极推进"一城一名园"建设。公共服务品质显著提高，继续建设一批代表上海、辐射长三角的高能级公共服务设施；推进普惠性公共服务全覆盖，打造功能更加完备的"15分钟社区生活圈"。交通枢纽地位初步确立，加快形成支撑"30、45、60"出行目标的综合交通体系。人居环境品质不断优化，凸显"一园一湖""城水相依"等生态特色，构建优于中心城区的蓝绿交织、开放贯通的"大生态"格局。同时，注重历史文脉的延续，在保护历史建筑和传统街区的基础上，五个新城灵活嵌入绿地和公共服务设施，目前已初步形成"嘉定教化城、青浦江南风、松江上海根、奉贤贤者地、南汇海湖韵"等系列城市名片。

　　五个新城建设势在必行、正当其时。围绕独立的综合性节点城市定位，对标一流，未来上海五大新城发展必须进一步优化空间布局，深度产城融合，增强城市服务功能，提升城市品质，强化网络连通性，融入长三角区域一体化，成为"长三角城市网络中的综合性节点城市"。[①]

---

① 参见周振华、张广生主编：《全球城市发展报告2020：全球化战略空间》，格致出版社2021年版，第249—255页。

8

上海都市圈的
同城化发展

《长江三角洲区域一体化发展规划纲要》界定了上海都市圈的第三圈层，即上海行政区划之外的"近沪区域"。《上海市城市总体规划（2017—2035年）》提出，上海要以都市圈承载国家战略和要求，重点包括"依托交通运输网络培育形成多级多类发展轴线，推动近沪地区（90分钟通勤范围）及周边同城化都市圈的协同发展"。上海都市圈的第三圈层是本章的研究内容，上海与近沪周边城市的同城化发展则是其中的研究重点。与上海陆域或水域接壤的苏州市、嘉兴市和南通市，均在上海都市圈空间范围之内。这三个城市与上海的同城化效应集中表现在两个方面：上海通过溢出和辐射带动近沪周边城市发展；近沪周边城市与上海的分工与协同，进一步强化上海现代化国际大都市的地位。

Outline of the Integrated Regional Development of the Yangtze River Delta demarcates the third circle of the Shanghai Metropolitan Area："Shanghai's surrounding areas"（jinhu diqu）outside its administrative boundaries. The Shanghai Master Plan（2017—2035）proposes that Shanghai should utilize the metropolitan area to meet the requirements of national strategy and work on "fostering the formation of multi-level and multi-class development axes based on the transportation network and promoting the synergistic development of Shanghai's surrounding area（90-minute commuting range）. This chapter focuses on the third circle of the Shanghai Metropolitan Area and examines the urban integration of Shanghai and other surrounding cities. Suzhou, Jiaxing, and Nantong, which have land or water borders with Shanghai, are all within the spatial scope of the Shanghai Metropolitan Area. Integrating these three cities with Shanghai has two major effects：First, the spillover and radiation effect of Shanghai advance the development of surrounding cities. Second, Shanghai further strengthens its status as a modern international metropolis.

8.1 上海与近沪周边城市

从行政区划看，在不同的发展阶段，上海与近沪周边城市的行政范围、人口也在不断动态调整。根据《上海通志干部读本》记载，1949年上海解放时，共有20个市区和10个郊区，全市拥有户籍人口502.92万人。[①]1955年7月，为了减少城市消费人口和城市粮食消费，将上海由"消费中心"改造为社会主义"生产基地"，上海市委提出"紧缩上海"计划，包括加强户口管理和疏散上海人口。随后，数十万人被当作"农民"输送到江浙皖等周边地区。[②]这一时期，上海与近沪周边城市的关系更多属于特殊的"城乡"关系。

1958年，由于江苏省的上海、松江、金山等10个县与上海市在经济、地理、交通等领域具有密切联系，同时，上海在规划发展、食品供应等方面具有较大需求，国家批准了将原属于江苏省的10个县划入上海市，基本奠定了现在上海的市域范围。这一年，上海全市的户籍人口达到了750.80万人，[③]上海市的管辖范围也从1949年的636平方公里扩大到5 910平方公里。在这个时期，上海与近沪周边城市的关系主要依托于省际行政协作。1958年2月，中共中央下发了《关于召开地区性的协作会议的决定》。该决定将全国划分为七个经济协作区，并提出有关党委要举行定期性和不定期性的会议，以促进地区之间相互支援、交流与协作。根据决定，上海与江苏、浙江等7个省份划分为华东协作区，[④]此

---

① 参见中共上海市委组织部、中共上海市委宣传部、上海市地方志办公室:《上海通志 干部读本》，上海人民出版社2014年版，第1、50页。

② 参见阮清华:《特殊的城乡关系——从1955—1956年上海动员农民回乡运动看新中国成立初期上海与周边省份关系》，《近代史学刊》2015年第2期。

③ 参见中共上海市委组织部、中共上海市委宣传部、上海市地方志办公室:《上海通志 干部读本》，上海人民出版社2014年版，第50页。

④ 参见中共中央文献研究室:《建国以来重要文献选编（第十一册）》，中央文献出版社1995年版，第157—158页。

后，上海多次与协作区内的省份签订协作协议确定协作关系。但是，上海不仅需要支援协作区，还同时承担全国工业建设的任务，加上户籍制度的限制，人口自由流动受到较大阻碍，协作还处于较浅层面。1963年，上海市计委撤销协作处，初步形成的协作模式告一段落。这一时期，在计划经济和封闭型经济发展模式的特殊背景下，上海与近沪周边城市的关系主要受计划调配影响，自主交流协作的经济关系并不强。

1978年末，中共十一届三中全会在北京召开，全会作出了以经济建设为中心，实行改革开放的战略决策。此时的上海，经济比例出现了明显失调的问题，寻求新的经济发展思路迫在眉睫。1982年，第五届全国人民代表大会第五次会议批准了《中华人民共和国国民经济和社会发展第六个五年计划（1981—1985）》，在"国土开发和整治"部分提出，"编制以上海为中心的长江三角洲的经济区规划"。同年，国务院发布《国务院关于成立上海经济区和山西能源基地规划办公室的通知》。该通知指出，"为了搞好国民经济管理体制的改革，通过中心城市和工业基地把条条块块协调起来，形成合理的经济区域和经济网络，国务院决定选两个点着手试验，进行探索"。其中一个试验点便是"以上海为中心，包括长江三角洲的苏州、无锡、常州、南通和杭州、嘉兴、湖州、宁波等城市"。[①] 此后，安徽、江西和福建等陆续加入。这一时期，由于还是计划经济体制占主导，江浙沪三个地区面临各自的发展难题。从省际关系看，三个地区尚未形成良好的分工协作，且上海的财政收入从1986年开始"滑坡"，中心城市地位式微。而近沪周边城市积极对接上海的技术转移和技术扩散，特别是上海大量高技能人才开始通过"星期日工程师"的身份涌入周边城市的企业，尤其是乡镇企业，近沪周边城市的乡镇企业和民营企业崛起，形成了经济发展的"苏南模式"和"温州模式"，并带动江浙经济迅速增长。1988年，上海经济区试验落下帷幕。但从这个时

---

① 参见国务院：《国务院关于成立上海经济区和山西能源基地规划办公室的通知》，1982年。

　　在报刊资料中，长三角各地"借上海脑袋发财"的报道并不少见，有台州民营企业主曾说，请上海工程师到工厂来，"哪怕来一天，对企业素质也是巨大的提升"。比如 20 世纪 80 年代，江阴市化工设备厂生产一种搪玻璃片式冷凝器，多年居全国同行销售之冠，问起原因，原来是在上海医药设计院和上海工业搪瓷厂等单位支持下，由一位上海技师研制而成；还比如 20 世纪 90 年代，宜兴市的环保产业产值一度占到全国 10% 以上，追本溯源，也是靠了上海"星期日工程师"的技术；再比如，1987 年杭州第二汽车配件厂建成国内领先的散热器静电喷漆流水线，生产效率提高 3 倍以上，也借力了上海"星期日工程师"；后来，苏浙一些地方还不满足于一个星期日，延伸出了"借聘"和"电话工程师"等方式。

资料来源：《星期日工程师今安在》,《解放日报》2017 年 5 月 14 日。

候开始，苏州等近沪周边城市成为上海的溢出与辐射区。20 世纪 80 年代，改革开放后，苏州全市 GNP 年均增长 17.7%。[①]这一时期，上海与近沪周边城市的关系多表现为单向溢出的特征。

　　1992 年 10 月，党的十四大召开。"以上海浦东开发开放为龙头，进一步开放长江沿岸城市，尽快把上海建成国际经济、金融、贸易中心之一，带动长江三角洲和整个长江流域地区经济的新飞跃"被写进十四大报告中。上海与近沪周边城市的关系也进入了新的发展阶段。同年，位于浙江省的嘉兴市在省内首先提出接轨上海的战略。直至今日，嘉兴市依然在积极融入、对接上海，并努力推动深层次的沪嘉同城化。1993 年，上海提出推动长三角大都市圈发展的构想，旨在强化上海与近沪周边地区的交流与合作。此后几年，苏州市、嘉兴市等近沪周边城市通往上海的高速公路、

---

① 　参见刘荣增、崔功豪、冯德显：《新时期大都市周边地区城市定位研究——以苏州与上海关系为例》,《地理科学》2001 年第 2 期。

快速通道逐渐建成通车,打开近沪周边城市接轨上海的交通通道,接轨速度加快。在与上海接轨的过程中,近沪周边城市获得了巨大的合作红利,一度形成了"谁能更好地接轨上海,谁就能率先迅速崛起"的共识。[①]一个典型的例子是苏州市。苏州市一方面大力发展制造业,配套上海,吸引了众多资源;另一方面,借助浦东开发开放的政策红利,大力实施对外开放,成为外商投资的热点区域。1990—1998年,苏州市 GNP 年均增长 37.4%。这一时期,由于上海的技术势能维持高位,技术研发投入、高新技术产业相对近沪周边城市更加发达,自然成为技术辐射的源头。20 世纪 90 年代中后期,上海与近沪周边城市的合作不断深化,但行政壁垒依然存在,要素市场也尚未成熟,进一步的合作协同发展缺乏有效的协调机制。

进入 21 世纪以后,上海与近沪周边城市的互动协作更加频繁。2005 年,《关于制定国民经济和社会发展第十一个五年规划的建议》通过,提出"珠江三角洲、长江三角洲、环渤海地区,要继续发挥对内地经济发展的带动和辐射作用",还要"加强区内城市的分工协作和优势互补,增强城市群的整体竞争力"。"十二五"规划则强调要"构建综合交通运输体系"。此后,上海与近沪周边城市的联系变得更为紧密。在与上海进行优势互补、分工协作的过程中,城市之间不可避免地存在对人才、环境治理和资源的竞争。整体看,这一时期上海与近沪周边城市的关系表现出合作与竞争的特征。

上海与近沪周边城市的合作、交流由来已久,在过去的数十年间,长三角地区取得了一系列区域合作成果,但这些成果多基于有行政界限的城市与省份、城市与城市之间的合作,并未打破行政区划壁垒,各方利益在部分领域的诉求仍未达成一致。上海都市圈的规划建设有望突破行政壁垒,促进上海与近沪周边城市在更广和更深层面推进协同发展,同城化效应将会逐渐显现。

---

① 参见刘志菲、张勋:《长三角 20 年浮沉史》,《中国投资》2003 年第 7 期。

8.2 沪苏（州）同城化发展

8.2.1 概览

都市圈中心城市的辐射和溢出通常是由近及远。苏州市地处江苏南部，上海西侧，无论在地理、经济，还是文化上，都是与上海联系最为密切的城市之一。从地理距离看，上海虹桥枢纽到苏州的直线距离约 70 公里；苏州下辖的太仓、昆山和吴江均与上海接壤，接壤边界约 114 公里，具有天然的区位优势。上海与苏州，有着紧密的经济联系，相似的文化历史背景，为同城化发展奠定了雄厚的基础。

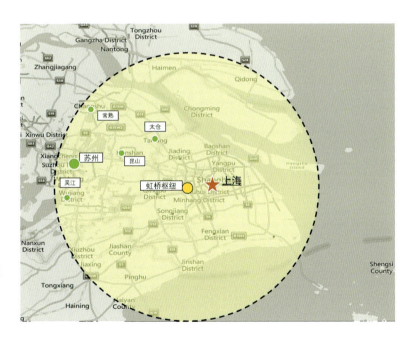

图 8.1
上海都市圈中上海和苏州位置示意图

资料来源：课题组绘制。

《苏州"十四五"规划和二〇三五年远景目标纲要》显示，2020 年，苏州市地区生产总值达到 2.02 万亿元，在全国城市中排名第六，人均地区生产总值接近 19 万元，在全国城市中排名第三位。同时，苏州市是长三角城市中与上海经济总量最接近的城市，人均地区生产总值甚至超过上海，具备与上海实现同城化的基础性条件。司尔亚司数据信息有限公司（CEIC）数据库显示，2019年，苏州市常住人口1 074.99万人，户籍人口722.60万人，人口净流入（常住人口—户籍人口）为352.39万人。行政区域土地面积达8 657平方公里。

20世纪90年代，苏州利用紧邻上海的地理优势，积极承接产业转移，常被称作"上海的后花园"。在《长江三角洲区域一体化发展规划纲要》公布后，江苏的实施方案随之出炉。在"推进跨界区域共建共享"部分，实施方案提出，"推进虹桥—昆山—相城深度合作，强化功能协同，积极发展面向国际的总部经济和枢纽经济；推进嘉定—昆山—太仓协同创新，在资源共享、产业合作、科技创新等方面取得突破进展"。与此同时，"后花园"的内涵也发生巨大变化：从地理位置看，苏州与上海陆域接壤；从交通运输网络看，铁路、公路等全面联通；从产业发展看，两座城市分工协作，错位发展，功能互补。

2020年11月，"苏州市赴上海举办长三角一体化对接说明会和城市推介会"在上海举办，旨在深入实施"沪苏同城化"这一理念。会上，沪苏共签署了90个专项合作协议和项目合作协议，包括政务服务、科技创新、产业协作、基础设施、生态环保、公共服务、市场开放及一体化示范区建设等。[①]

2021年通过的《苏州"十四五"规划和二〇三五年远景目标纲要》提出："区域协调合作共赢到了加速期，以一体化的思路打破行政壁垒、提高政策协同，深化与上海及长三角兄弟城市分工协作，共建全球一流品质的世界级城市群。"其中，纲要的第五章再次提出要"聚焦加速沪苏同城化"，包括强化长三角重要中心城市地位、打造融入上海先行区、推动沪苏跨界合作取得更大实效等内容。

沪苏同城化进程的加速，有助于推动上海都市圈向更高质量

---

① 参见赵焱：《融入上海大都市圈建设　共同开启沪苏合作新篇章》，《苏州日报》2020年11月21日。

一体化发展。

8.2.2 交通

　　交通基础设施是同城化的重要支撑。根据同济大学建筑与城市规划学院发布的《2020长三角城市跨城通勤年度报告》中上海与周边地级市的跨城通勤数据，苏州是流入上海市域及中心城区跨城通勤者的主要居住地，其中，流入上海市域的通勤规模占总量的93.2%，苏州市与上海市域流入流出通勤的入出比为2.52。区县层面上，昆山、太仓和苏州城区为流入上海市域通勤者的主要来源地，分别占总量的74.8%、12.7%和4.5%。[①]

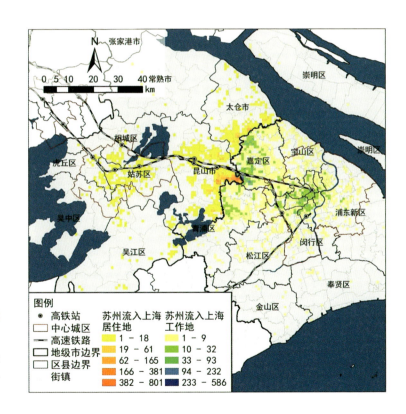

图 8.2
苏州各区县流入上海通勤规模

资料来源：钮心毅等，《2020长三角城市跨城通勤年度报告》，2020年。

---

① 　参见同济大学建筑与城市规划学院、智慧足迹数据科技有限公司：《2020长三角城市跨城通勤年度报告》，2020年发布。

1996 年，沪宁高速公路通车，这不仅是江苏省的第一条高速公路，也是当时苏州连接上海的唯一一条高速公路。经过多年努力，沪苏两地的交通同城化日趋成型。

2016 年，《苏州市综合交通运输"十三五"发展规划》提出，建设综合交通网络，包括铁路、公路、内河航运、沿江港口、公交设施、航空设施等方面。"十三五"以来，苏州市的综合交通运输快速发展，特别是沪苏通长江公铁大桥暨沪苏通铁路建成通车，沿江三市结束了不通铁路的历史。[①]《上海市城市总体规划（2017—2035 年）》在"增强铁路枢纽辐射服务能力"部分则提出，"加快推进沪通铁路，规划建设沪乍杭铁路、沪杭城际铁路、沪苏湖铁路（新增），研究控制北沿江铁路、沪甬（舟）铁路"。目前，上海和苏州之间已有沪宁高铁和城际铁路，多条高速公路，沪苏通和沪苏湖铁路（在建）等铁路和公路通道。此外，在《虹桥国际开放枢纽建设总体方案》中也明确纳入苏州市的昆山、太仓、相城和苏州工业园区，基础设施同城化不断提速。苏州北站作为地级市中与虹桥枢纽最近的高铁站，在扩建后将与虹桥国际开放枢纽完成深度对接，共同承担长三角客运中心功能，进一步扩大跨城通勤范围。

在轻轨方面，《上海市城市总体规划（2017—2035 年）》则

专栏 8.2 从 12306 看沪苏通勤

2021 年，笔者登录 12306App，搜索 5 月 1 日"苏州—上海"，共查询到 307 趟列车。其中，从苏州到上海的车次最早为凌晨 2 点 29 分出发，最晚为深夜 23 点 34 分。从行程耗时看，系统显示 G7027 车次只需要 22 分钟就可从苏州到达上海西。如此便捷的交通使得在上海上班，在苏州居住的跨城通勤模式成为一种选择。

资料来源：编写组通过登录 12306 应用平台搜集整理。

---

① 参见李亚平：《政府工作报告》，《苏州日报》2021 年 2 月 2 日。

提出"在宝山、嘉定、青浦、松江、金山、崇明方向预留通道与近沪城镇对接"。目前，在建的苏州地铁 S1 号线将对接上海 11 号线，嘉闵城际铁路将北延直达太仓，而上海轨道交通 17 号线亦将将延伸到苏州吴江。

8.2.3 产业

产业协同是沪苏同城化的纽带。如果说交通同城化缩短了沪苏之间的物理距离，使同城化成为可能，那么产业的整合和互补则强化了沪苏之间的经济联系，深化了同城化的内涵。与之相关的政策有，2019 年出台的《国家发展改革委关于培育发展现代化都市圈的指导意见》提出，要"强化城市间产业分工协作。以推动都市圈内各城市间专业化分工协作为导向，推动中心城市产业高端化发展，夯实中小城市制造业基础，促进城市功能互补、产业错位布局和特色化发展"。《长江三角洲区域一体化发展规划纲要》在"引领长三角一体化发展"部分提出，"充分发挥示范区引领带动作用，提升上海虹桥商务区服务功能，引领江苏苏州、浙江嘉兴一体化发展，构建更大范围区域一体的创新链和产业链"。

苏州作为上海的近邻，一方面凭借开放型发展模式在人才、技术、贸易等方面受到上海的辐射带动，另一方面具有一定的"反哺"效应，即呼应上海的发展方向和目标，实现沪苏产业的对接与协同，反过来推动上海的经济增长。从三次产业结构看，《上海市国民经济和社会发展统计公报》数据显示，2020 年，上海市第三产业增加值 28 307.54 亿元，占地区生产总值的比重达到了73.1%。产业迭代升级，服务业已经成为上海经济的第一大产业。苏州市统计局《苏州经济和社会发展概况》数据显示，2020 年，苏州市第二产业增加值 9 385.6 亿元，第三产业增加值 10 588.5 亿元，三次产业比为 1.0：46.5：52.5。这在一定程度上说明，苏州市的经济增长还需要依赖制造业，与上海产业发展形成了一定的错位。从工业发展情况看，根据苏州市统计局统计的《苏州经济和社会发展概况》和《苏州市经济运行情况》数据，2020 年，苏州市实现规模以上工业总产值 34 824 亿元，规模以上工业总产值和增加值稳居全国城市前 3 位。苏州市发达的制造业为上海的研发创新成果提供了产业化的优越条件。

目前，苏州市与上海的产业对接已经逐渐向金融、贸易、物流等领域全面拓展。如 2021 年 4 月，在上海举办了"2021 相城（上海）数字金融投资推介会"，活动意在推动苏州相城和上海在数字金融领域的深度合作。

此外，《苏州"十四五"规划和二〇三五年远景目标纲要》中明确提出，"主动承接上海在生产服务功能上的转移溢出，加快推动苏州成为与上海服务功能互补的重要区域性生产服务中心城市"。

8.2.4　其他领域

目前，沪苏同城化的主要领域集中在基础设施和产业发展方面。随着上海都市圈规划建设的推进，公共服务、社会治理、功能布局和生态保护等领域也正在并将进一步纳入同城化。

早在 2009 年，上海的公共交通卡就与苏州昆山的市民卡实现了互通，且两地居民在使用交通卡时享有同等的待遇。2019 年，只要下载相关 App 并绑定银行卡，就可以实现苏州轨道交通和上海地铁的互联互通。[1]

2019 年，上海青浦、江苏吴江和浙江嘉善联合举行"不忘初心牢记使命"长三角生态绿色一体化发展示范区协同治水启动仪式。2020 年，《长江三角洲区域一体化发展规划纲要》江苏实施方案提出，"打造生态友好型一体化发展样板。以上海青浦、江苏吴江、浙江嘉善为长三角生态绿色一体化发展示范区，充分发挥苏州在示范区建设中的重要作用，示范引领长三角地区更高质量一体化发展"。

---

① 参见《苏州与上海地铁可扫码乘车互通》，《新华日报》2019 年 5 月 23 日。

8.3　沪嘉同城化发展

8.3.1　概览

　　嘉兴市位于浙江东北部，上海南侧，是浙江省省内唯一与上海陆域相接的城市。嘉兴市下辖的嘉善县、平湖市均与上海接壤，接壤边界约75公里。嘉兴市到上海虹桥枢纽的直线距离72公里，是浙江接轨上海的"排头兵"。

　　根据《嘉兴市国民经济和社会发展统计公报》，2020年，嘉兴市的地区生产总值达到了5 509.52亿元，同比增速3.5%，在省内排名第三位。由CEIC数据库数据可知，2019年，嘉兴市常住人口480万人，户籍人口363.7万人，人口净流入为116.3万人。行政区域土地面积为4 223平方公里。

　　1998年，在嘉兴市第四次党代会上，嘉兴市委市政府明确提出将"接轨上海"列入全市经济社会发展战略。[①] 2003年，"主动

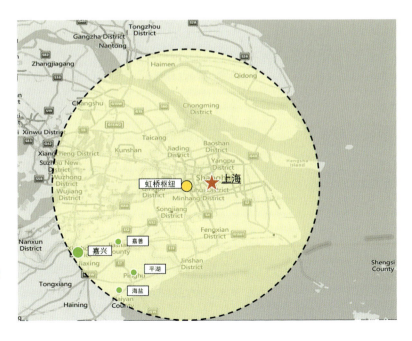

图8.3
上海都市圈中上海和嘉兴位置示意图

资料来源：课题组绘制。

----

① 　参见《嘉兴加快推进首位战略　接轨上海成重要突破口》，《解放日报》2020年10月14日。

接轨上海"被直接写进引领浙江经济社会发展的"八大战略"中。2017 年，浙江省政府正式批复嘉兴设立浙江省全面接轨上海示范区。随后，浙江省发改委又印发《嘉兴市创建浙江省全面接轨上海示范区实施方案》。根据方案，嘉兴市不仅将在轨道交通、机场等方面对接上海，还会在医疗、民生、产业等方面全力推进接轨，力争在 2020 年建成浙江省全面接轨上海示范区。

《嘉兴市"十四五"规划和二〇三五年远景目标纲要》提出，"全面融入长三角一体化发展首位战略"，要求嘉兴市"奋力担起接轨上海'桥头堡'和承接上海辐射'门户'的历史使命"。关于区域一体化发展，规划纲要则提出"坚持全市域、全方位推进，努力在融入一体化、服务一体化、推动一体化发展中展现更大作为"。多年来，嘉兴市积极主动对接上海，两地形成了较为密切的联系。随着上海都市圈规划建设的加快推进，两地政府和民间互动将会更加频繁。

《长江三角洲区域一体化发展规划纲要》五次提到嘉兴，特别是在"推动形成区域协调发展新格局"部分，提到"推动宁波前湾沪浙合作发展区、嘉兴全面接轨上海桥头堡建设，打造上海配套功能拓展区和非核心功能疏解承载地"。这既是对嘉兴市接轨上海的定位，也是给沪嘉同城化提出的具体要求。

8.3.2 交通

作为同城化的关键领域，沪嘉交通同城化已经取得较多成果。

1998 年，作为嘉兴的首条高速公路——沪杭高速公路通车，开启了嘉兴与上海交通往来的新里程。2010 年，沪杭高铁开通，嘉兴进入上海的"半小时交通圈"。如今，在嘉兴与上海之间有申嘉湖高速、杭浦高速等多条通道，形成了沪嘉高速公路的网状形态。2019 年年底，沪嘉城际铁路先行工程在清晖路与南江路交叉口开工 [①]，

---

① 参见符静、张瑞洁、朱卉等：《我市加快建设"轨道上的嘉兴"》，《嘉兴日报》2019 年 12 月 29 日。

通车后将进一步便利市民出行。

　　根据同济大学建筑与城市规划学院发布的《2020长三角城市跨城通勤年度报告》，嘉兴市与上海的跨城通勤联系仅次于苏州，流入上海市域通勤规模占总量的6.1%，自上海市域流出通勤规模占总量的16.2%。[①]

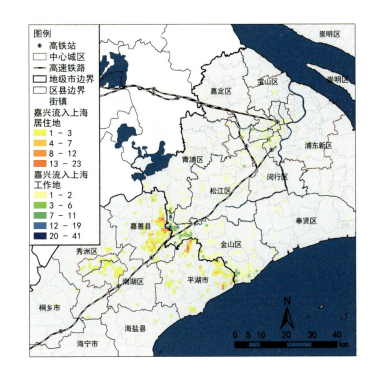

图 8.4
嘉兴各区县流入上海通勤规模

资料来源：钮心毅等：《2020长三角城市跨城通勤年度报告》，2020年。

　　对于未来的规划发展，2021年3月，嘉兴市自然资源和规划局发布《嘉兴市综合交通规划（2019—2035）》批前公告。公告提出，嘉兴要打造"大上海南翼枢纽都市"，包括航空、铁路、公路和水运等交通运输模式均要进行升级。例如，要"规划形成雪花字形'高铁＋城际'网，实现与长三角中心城市直连直通及城镇发展轴全覆盖"，要"形成'五纵五横一连'的干线公路网络"等。

<hr>

① 参见同济大学建筑与城市规划学院、智慧足迹数据科技有限公司：《2020长三角城市跨城通勤年度报告》，2020年发布。

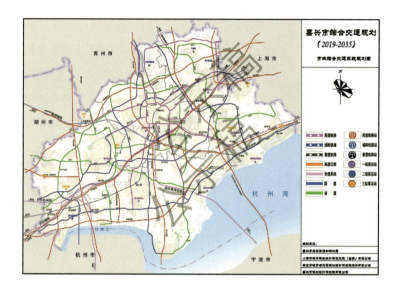

图 8.5
嘉兴市综合交通规划

资料来源:《嘉兴市综合交通规划(2019—2035)》批前公告。

此外,《虹桥国际开放枢纽建设总体方案》明确提出,将嘉兴市的平湖、南湖、海盐和海宁纳入虹桥国际开放枢纽南向扩展带,开启了沪嘉同城化的新篇章。未来,嘉兴市将积极利用区位优势,与上海合作,把虹桥国际开放枢纽的南向拓展带打造成"具有文化特色和旅游功能的国际商务区、数字贸易创新发展区、江海河空铁联运新平台"。

《上海市城市总体规划(2017—2035年)》也提到:"加强区域航空机场群联动。推动无锡硕放、南通兴东、嘉兴等周边机场共同支撑以浦东国际机场、虹桥国际机场为核心的上海国际航空枢纽。"

可见,嘉兴和上海都在为交通的互联互通,作出各自的努力。目前,从嘉兴到上海每天已经有超过100趟列车,最快可在半个小时内到达,"同城效应"将带动嘉兴实现跨越式发展。

8.3.3 产业

从三次产业结构看,《嘉兴市国民经济和社会发展统计公报》数据显示,2020年,嘉兴市的三次产业增加值结构为

2.3∶51.9∶45.8。嘉兴市的第二产业在地区经济增长中具有主导作用。同时，嘉兴市也是省内的制造业强市，2020年，嘉兴市的装备制造业同比增速位居全省第一。根据《上海市国民经济和社会发展统计公报》数据，2020年，上海市工业增加值达到9 656.51亿元，是嘉兴市的近4倍，随着上海工业用地减量化，以及先进服务业在经济总量中比重的不断提升，上海对外释放非核心功能的需求日益强烈，在相关产业向外转移的过程中，上海对包括嘉兴市在内的近沪周边城市将会有更加明显的溢出效应。

嘉兴与上海的产业联系一直很紧密。2017年，上海举办了沪嘉两地园区产业合作对接会，意在促进沪嘉两地产业平台的合作，同时可以使嘉兴市更好地实现与上海的产业协同发展。2018年，长三角主要领导座谈会在沪召开，会议以"聚焦高质量，聚力一体化"为主题，提出要"加快推进G60科创走廊建设，研究共建产业合作示范区"等。这次座谈会为嘉兴市建设全面接轨上海示范区、打造高端产业协同发展地提供了重要契机。

2020年，嘉兴市人民政府发布《关于实施嘉兴新制造"555"行动的若干意见》，在主要目标中提到"形成'555'制造业现代产业体系（即打造1个世界级、1个国家级、1个长三角区域级、2个省级共5大先进制造业产业集群，培育5大新兴产业，形成5条标志性特色产业链）"。同年，嘉兴市工业转型升级领导小组印发《关于培育"五大"先进制造业产业集群高质量发展的实施意见》。文件提到"五大先进制造业产业集群"，具体包括"现代纺织产业集群、新能源产业集群、化工新材料产业集群、汽车制造产业集群、智能家居产业集群"。培育形成制造业产业集群，既是嘉兴产业发展的必然要求，又是推动沪嘉同城化协同发展的重要环节，有利于嘉兴市成为长三角中心区先进制造业基地。

2021年，《嘉兴"十四五"规划和二〇三五年远景目标纲要》要求："全面深化与沪杭苏甬四大城市一体化发展，加强毗邻地区重大产业平台、重大基础设施规划建设，充分释放各地发展活力，形成全域齐头并进、竞相发展的良好态势。"

8.3.4　其他领域

　　在社会治理、公共服务等领域的同城化，沪嘉也迈出了实质性步伐。例如，在公共卫生方面，2018 年 6 月，在嘉善云澜湾召开了"接轨上海公共卫生发展论坛首次会议暨卫生应急联防联控会议"。此次会议主要目的是使嘉兴在公共卫生领域与上海进行更广泛、更深入的合作，便于在公共卫生领域全面接轨上海，进一步加快嘉兴公共卫生事业"接沪、联沪、融沪"的步伐。

8.4　沪通同城化发展

8.4.1　概览

　　南通市位于江苏东南部，是一个港口城市，也是上海都市圈中唯一在长江北岸的城市。2020 年，江苏省政府发布通知，调整南通市部分行政区划，包括"撤销县级海门市，设立南通市海门区"。[①] 其中，海门区下辖的海永镇虽然位于崇明岛，但却是南通的"飞地"，也因为这一次的行政区划调整，沪通实现了上海

---

① 参见江苏省人民政府：《江苏省人民政府关于调整南通市部分行政区划的通知》，2020 年。

市辖区与南通城区历史性的无缝衔接。位于崇明岛的另一块"飞地"——南通启东市的启隆镇，同样也与上海接壤。南通的两块"飞地"与上海陆域接壤约30公里。

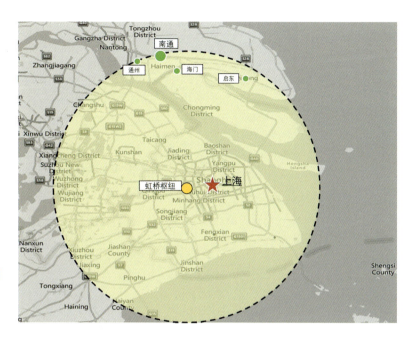

根据南通市统计局发布的《2020 年南通市经济运行情况》，2020 年，南通市地区生产总值 10 036.3 亿元，比上年增长 4.7%，增速高于全国 2.4 个百分点，高于全省 1 个百分点。[①]CEIC 数据库显示，2019 年，南通拥有户籍人口 759.82 万人，常住人口 731.8 万人，人口净流出达 28.02 万人；行政区域土地面积为 10 549 平方公里。值得注意的是，虽然 2020 年人口数据尚未公布，但在《南通市"十四五"规划和二〇三五年远景目标纲要》中提到，2020 年，南通市的常住人口历史性地超过户籍人口。

2003 年，南通市委、市政府印发的《南通市接轨上海工作纲要》第一次明确提出"融入苏南、接轨上海、走向世界、全面小

---

① 2020 年，南通市地区生产总值首超万亿元，成为当年新增的 7 个地区生产总值超万亿元的城市之一。

康"的总体思路。2016年，在江苏省第十三次党代会上，南通市被定位为上海的"北大门"。2017年，"南通对接服务上海大会"在上海召开，大会为南通市更好地与上海协同发展、融入上海都市圈开启了新征程。不久，《南通建设上海大都市北翼门户城市总体方案》获批，意味着南通与上海的协同发展将在省级战略层面得到有力推动。此后，南通市发布多项措施，努力建设成为"上海大都市北翼门户城市"。

《南通市"十四五"规划和二〇三五年远景目标纲要》"推进区域协调发展，深度融入长三角一体化"部分，强调"落实国家长三角一体化战略和省向海发展战略，全方位融入苏南、全方位对接上海"，"奋力打造长三角经济发展新引擎"。

与此同时，上海也在积极回应与南通市的对接合作。2017年，《上海市崇明区总体规划暨土地利用总体规划（2016—2040）》发布，规划将南通的两块"飞地"纳入崇明岛土地规划，沪通同城化程度进一步加深。

8.4.2 交通

虽然南通市地处长三角核心区域，但与上海的联系长期受到长江的阻隔。过去若是从南通坐轮渡到上海，全程需要四五个小时，十分不便。交通的短板制约了南通的发展，甚至有"南通，难通"的说法。2008年，苏通大桥通车，交通流量迅速提升，在当年5月试通车阶段，日均过桥流量便达到了1.3万辆。苏通大桥的开通不仅吸引了外来的资金和项目，也为上海等地区的居民旅游提供了一个好的去处，使南通市从旅游客源地逐渐转变为目的地。2011年，崇启大桥通车，南通市终于进入上海的"一小时经济圈"。[①]2020年，沪苏通铁路和沪苏通长江公铁大桥通车营运。与此同时，南通唯一、江苏第三的动车所——南通动车所投入使

---

① 参见杨洁：《速度惊人！从"南通南不通"到"上海北大门"》，《嘉兴日报》2019年3月13日。

用。自此，从南通到上海的动车实现直达。

2021年，《南通市"十四五"规划和二〇三五年远景目标纲要》第七章"推进重大基础设施建设，打造全国性综合交通枢纽"中提出，"打造现代综合交通新枢纽"，包括空铁枢纽、多层次轨道交通、过江通道以及公路和内河航道。近期，南通新机场选址的获批及共建协议的落地，确定了新机场成为上海国际航空枢纽的重要组成部分，将实现南通与上海市以轨道交通为骨干的综合交通运输体系的有效衔接。《上海市城市总体规划（2017—2035年）》也提到："加强上海港与宁波—舟山港、苏州港、南通港、嘉兴港等长江下游和杭州湾地区港口的分工合作"，交通的日益畅达使沪通同城化进入快车道。

专栏8.4 "十四五"重大交通基础设施工程

轨道交通：北沿江高铁、通苏嘉甬高铁（含如东延伸段）、沪通城际、如通苏湖城际、沪崇启铁路、机场快线、江海快线、宁启铁路二期复线改造，南通港通海港区至通州湾港区铁路专用线一期工程、南通港洋口港区至吕四港区铁路联络线工程。

过江通道：通沪过江通道（含北支公铁两用通道）、张皋过江通道、海太过江通道、苏通二通道、崇海过江通道。

航空机场：南通新机场。

内河航道：通扬线通吕运河段航道整治工程、通海港区至通州湾港区疏港航道整治工程（新江海河、东灶新河）、通扬线南通市区段（通扬运河—通栟线、幸福竖河—通吕运河）航道整治工程、通扬线如皋段航道整治工程、通州湾港区、洋口港区疏港航道整治工程。

公路网络：沪陕高速平潮至广陵段扩建工程，南通至无锡高速公路海门至通州段工程，洋口港至南通高速公路洋口港至如东城区段工程，沪陕高速公路增设南通西站互通工程，通常高速公路工程，通州湾至南通高速公路工程，通沪高速，G345南通段、S226南通段、G228南通改线段（含机场南部快速路）、G328南通段、S356、S222省道如东段、洋骑线、S30如常高速工程、如城至如皋港快速通道工程、东如高速、S356、S335快速化改造。

资料来源：《南通市"十四五"规划和二〇三五年远景目标纲要》。

8.4.3　产业

沪通两地的产业正逐渐由承接转移向协同发展模式转变。打通上海与南通的交通通道后，产业的对接协同成为两地同城化发展的重中之重。

《南通市国民经济和社会发展统计公报》数据显示，2020年，南通市的三次产业结构分别为4.6：47.5：47.9，制造业与服务业占比相当，其中，服务业增加值占比比上年提高1.4个百分点。近年来，南通积极促进先进制造业与现代服务业融合发展，力图打造制造强市，以进一步融入和对接上海。

2017年，《南通建设上海大都市北翼门户城市总体方案》以"空间同构，产业互补"为基本原则之一，结合南通本身的传统产业发展，提出了"3+3+N"的产业发展协同化目标，以期更好地与上海进行产业分工。其中，第一个"3"指的是高端纺织、船舶海工和电子信息三大重点支柱产业；第二个"3"指的是智能装备、新材料、新能源和新能源汽车三大重点新兴产业；"N"指的是符合产业发展导向、有利于发挥自身优势的若干产业。

2019年，在上海举行"长三角大数据一体化发展论坛"期间，上海市经信委、江苏省工信厅和南通市政府三方共同签署了《沪苏（通）大数据基础设施和产业发展战略合作协议》。该协议的主要目的是促进沪通两地的大数据产业协同。

上海是长三角一体化的龙头，也是长三角产业布局的重点城市。在与上海的产业合作方面，《南通市十四五年规划和二〇三五年远景目标纲要》提出："推动张江高科技园区、上海市生物医药科技产业促进中心与启东生物医药园区共建科技企业孵化器、研究院所等平台载体，吸引、孵化一批医药高科技成果和企业来通转化和产业化。"除了医药相关产业，纲要还明确提到"积极推进沪通'在线'同城化，打造沪通大数据共享中心"，"加快南通国际数据中心产业园建设，推进与上海信息网络基础设施的资源互补和功能优化，实现与上海网络直连"，以及"协同上海、苏南等周边城市在新一代信息技术、人工智能等领域联合共建一批产业链条完善、辐射带动力强、具有国际竞争力的世界级制造业集群"。

8.4.4 其他领域

在公共服务和生态保护等方面,《南通建设上海大都市北翼门户城市总体方案》中明确提出"公共服务同城化",具体包括"基本公共服务体系进一步健全,与上海的差距逐步缩小,在教育、医疗、文化、生态等事关民生的领域,实现与上海密切合作、互动互利、共同发展"。

《上海市城市总体规划(2017—2035年)》则在"统筹战略协同区共同发展"部分提出:"长江口战略协同区:强化长江下游生态保护。促进宝山、崇明、海门、启东等地区的协同发展,推动崇明世界级生态岛建设,成为辐射带动内陆地区发展的战略空间。重点优化长江口地区产业布局,严格保护沿江各市水源地,推进沿江自然保护区与生态廊道建设。"

8.5 小结

苏州市、嘉兴市和南通市等近沪周边城市在历史上都与上海有着千丝万缕的联系。最近几十年,近沪周边城市的经济增长离不开上海的辐射和溢出,上海的发展也离不开近沪周边城市的支持与合作。

在上海都市圈规划建设不断提速的背景下,上海与近沪周边城市的同城化将有长足发展。同城化的实现需要交通先行。目前,上海与近沪周边城市已经形成密集的交通网络,包括沪宁高铁、沪苏通铁路、沪杭高铁及城际铁路和轨道交通等。其中,苏州市和嘉兴市在铁路交通方面相比南通市具有优势,而南通市在港口建设方面相比苏州市和嘉兴市具有优势。随着《虹桥国际开放枢纽建设总体方案》的逐步实施完善，上海与近沪周边城市的交通往来将会更加频繁，交通同城化带来的跨城通勤将成为一种常态模式。

同城化的发展取决于产业协同的成效。上海与近沪周边城市的产业对接与协同是上海都市圈经济发展的重要动力。目前，上海聚焦科创中心建设，着力发展现代服务业，近沪周边城市一方面承接上海向外疏解的非核心功能，另一方面大力推动创新成果产业化。

上海与近沪周边城市同城化还包括公共服务、社会治理、生态环境保护等多个方面。目前在公共交通、卫生、生态保护等方面已经取得一定成果。未来一个时期，增强城市间打破行政壁垒、提高政策协同的力度，加速推进深度同城化，将成为上海都市圈规划建设的重要任务。

参考文献

［1］埃比尼泽·霍华德：《明日的田园城市》，商务印书馆 2000 年版。

［2］安静文：《世界城市空间结构比较及其对北京的启示》，首都经济贸易大学，2011 年。

［3］毕秀晶：《长三角城市群空间演化研究》，博士论文，华东师范大学，2014 年。

［4］陈斌：《都市圈圈层演化及其与交通发展的互动关系研究——以南京都市圈为例》，博士论文，南京林业大学，2018 年。

［5］陈澄、沈佳暄：《〈南京都市圈发展规划〉将全文公布》，《新华日报》2011 年 4 月 11 日。

［6］陈锦华：《国民经济和社会发展"九五"计划和 2010 年远景目标纲要讲话》，中国经济出版社 1996 年。

［7］陈雯、孙伟、袁丰：《长江三角洲区域一体化空间：合作、分工与差异》，商务印书馆，2018 年。

［8］陈宪：《长三角实际包含了三个城市群、六个都市圈》，上观新闻，2020-12-30。

［9］陈玉光：《国外大城市空间扩展方式的实践探索》，《中共石家庄市委党校学报》2015 年第 12 期。

［10］单卓然：《1990 年以来发达国家大城市都市区空间发展特征、趋势与对策研究》，华中科技大学，2019 年。

［11］東京都都市整備局：『東京の都市づくりのあゆみ』，2019 年。

［12］冯·杜能：《孤立国对于农业及国民经济之关系》，商务印刷馆 1986 年版。

［13］符静、张瑞洁、朱卉等：《我市加快建设"轨道上的嘉兴"》，《嘉兴日报》2019 年 12 月 29 日。

［14］格迪斯：《进化中的城市：城市规划与城市研究导论》，中国建筑工业出版社 2012 年版。

［15］顾朝林、甄峰、张京祥：《集聚与扩散——城市空间结构新论》，东南大学出版社 2000 年。

［16］郭继：《上海与长三角一体化发展历史回顾》，《党政论坛》2018 年

第 12 期。

［17］国务院：《国务院关于成立上海经济区和山西能源基地规划办公室的通知》，1982 年。

［18］韩效：《大都市城市空间发展研究：以成都市和美国三个城市为例》，西南交通大学，2014 年。

［19］何非、孙洪涛：《〈邓小平文选〉第三卷学习导读》，红旗出版社 1993 年。

［20］何海兵：《西方城市空间结构的主要理论及其演进趋势》，《上海行政学院学报》2005 年第 5 期。

［21］红旗大参考编写组：《国民经济和社会发展"十一五"规划大参考》，红旗出版社 2005 年。

［22］胡旭：《长三角确立辐射"雄心"沿江五省参与发展研讨》，《新安晚报》2007 年 12 月 6 日。

［23］黄庆华、周密：《依托国家战略推动成渝地区双城经济圈建设》，《当代党员》2020 年第 6 期。

［24］黄啸：《大跃进前后上海与各地的协作关系》，《上海党史与党建》2011 年第 5 期。

［25］嘉兴市人民政府：《嘉兴市国民经济和社会发展第十四个五年规划和二〇三五年远景目标纲要》，2021年。

［26］嘉兴市人民政府：《嘉兴市人民政府关于实施嘉兴新制造"555"行动的若干意见》，2020 年。

［27］江苏省人民政府：《江苏省人民政府关于调整南通市部分行政区划的通知》，2020 年。

［28］江苏省人民政府：《〈长江三角洲区域一体化发展规划纲要〉江苏实施方案》，2020 年。

［29］孔令君：《星期日工程师今安在》，《解放日报》2017 年 5 月 14 日。

［30］李亚平：《政府工作报告——2021 年 1 月 19 日在苏州市十六届人大五次会议上》，2021 年。

［31］李璐、季建华：《都市圈空间界定方法研究》，《统计与决策》2007 年第 4 期。

［32］林兰、屠启宇：《上海产业结构演变及其政策思考（1978—2010）》，《上海经济研究》2013 年第 8 期。

［33］刘安国、杨开忠：《克鲁格曼的多中心城市空间自组织模型评析》，《地理科学》2001 年第 4 期。

［34］刘杰，张笑君：《从摆脱中心控制走向多中心协同发展——巴黎大区规划演变及启示》，《智能建筑与智慧城市》2019 年第 8 期。

［35］刘荣增、崔功豪、冯德显：《新时期大都市周边地区城市定位研究——以苏州与上海关系为例》，《地理科学》2001 年第 2 期。

［36］刘玉琴：《一座跨江大桥带来的格局之变》，《新华日报》2009 年 06 月 17 日。

［37］刘战国：《构建郑州国家级中心城市问题探讨》，《河南科学》2014 年第 6 期。

［38］刘照普：《南通如何定位上海"北大门"》，《中国经济周刊》2017 年第 28 期。

［39］刘志菲、张勋：《长三角 20 年浮沉史》，《中国投资》2003 年第 7 期。

［40］卢中辉：《都市圈边缘区空间经济联系机理及效应研究》，博士论文，华中师范大学，2018 年。

［41］马富武、韩纪元：《党的工作着重点转移与阶级斗争问题——学习〈党的十一届三中全会公报〉》，《社会科学研究》1979 年第 3 期。

［42］马文武：《中国农村劳动力转移与城市化进程中非均衡性研究》，硕士论文，西南财经大学，2012 年。

［43］马燕坤、肖金成：《都市区、都市圈与城市群的概念界定及其比较分析》，《经济与管理》2020 第 1 期。

［44］孟祥林：《城市化进程研究》，博士论文，北京师范大学，2006 年。

［45］木内信藏：《都市地理学研究》，东京古今书院 1951 年。

［46］南亮三郎：《人口论史》，中国人民大学出版社 1984 年版。

［47］南通市人民政府：《南通市国民经济和社会发展第十四个五年规划和二〇三五年远景目标纲要》，2021 年。

［48］欧胜兰、吕耿：《都市生态空间的区域管治机制探究——对上海市生态空间规划的启示》，2012 中国城市规划年会，2012 年。

［49］钱文静：《东京和纽约都市圈经济发展的比较研究》，《商》2015 年第 31 期。

［50］阮清华：《特殊的城乡关系——从 1955—1956 年上海动员农民回乡运动看新中国成立初期上海与周边省份关系》，《近代史学刊》2015 年第 2 期。

［51］任桐：《都市圈空间范围界定》，硕士论文，东北师范大学，2006 年。

［52］上海市奉贤区人民政府：《奉贤新城"十四五"规划建设行动方案》，2021 年。

［53］上海市规划和国土资源管理局：《上海市 15 分钟社区生活圈规划导则》，2016 年。

［54］上海市嘉定区人民政府：《嘉定新城"十四五"规划建设行动方案》，

2021 年。

［55］上海市南汇区人民政府：《南汇新城"十四五"规划建设行动方案》，
　　　2021 年。

［56］上海市浦东新区人民政府：《上海浦东新区统计年鉴》，2020 年。

［57］上海市青浦区人民政府：《青浦新城"十四五"规划建设行动方案》，
　　　2021 年。

［58］上海市人民政府，《上海市城市总体规划（1999—2020 年）》，2001 年。

［59］上海市人民政府：《关于本市"十四五"加快推进新城规划建设工作
　　　的实施意见》，2021 年。

［60］上海市人民政府：《上海市城市更新实施办法》，2015 年。

［61］上海市人民政府：《上海市城市总体规划（1999—2020 年）》，2001 年。

［62］上海市人民政府：《上海市城市总体规划（2017—2035 年）》，2018 年。

［63］上海市人民政府：《上海市国民经济和社会发展第十一个五年规划纲
　　　要》，2006 年。

［64］上海市人民政府：《上海市国民经济和社会发展第十二个五年规划纲
　　　要》，2011 年。

［65］上海市人民政府：《上海市国民经济和社会发展第十三个五年规划纲
　　　要》，2016 年。

［66］上海市人民政府：《上海市上海市国民经济和社会发展第十四个五年
　　　规划和二〇三五年远景目标纲要》，2021 年。

［67］上海市人民政府：《上海市新城规划建设导则》，2021 年。

［68］上海市统计局：《上海统计年鉴》，2020 年。

［69］上海市统计局：《上海市国民经济和社会发展历史统计资料：1949—
　　　2000》，中国统计出版社 2001 年版。

［70］上海市新城建设规划建设推进协调领导小组办公室：《上海市新城规
　　　划建设导则》，2021 年。

［71］申润秀、金锡载、胡京京：《首尔首都圈重组规划解析》，《城市与区
　　　域规划研究》2012 年第 1 期。

［72］史博臻：《瞄准"发力点"因地制宜加快新城特色功能集聚》，《文汇
　　　报》2021 年 3 月 3 日。

［73］苏良：《沪宁高速公路通车试运营》，《江苏交通》1996 年第 9 期。

［74］苏莎莎、潘鑫：《上海卫星城建设的历史演化及其启示》，《上海城市
　　　管理职业技术学院学报》2008 年第 3 期。

［75］苏智良：《上海城区史》，学林出版社 2011 年版。

［76］苏州市人民政府：《苏州市国民经济和社会发展第十四个五年规划和

二〇三五年远景目标纲要》，2021 年。

［77］孙晓芳：《城镇群空间结构与要素集聚》，《经济问题》2015 年第 1 期。

［78］同济大学建筑与城市规划学院、智慧足迹数据科技有限公司：《2020 长三角城市跨城通勤年度报告》，2020 年。

［79］王红茹：《专家解读〈京津冀协同发展规划纲要〉看点》，《中国经济周刊》2015 年第 5 期。

［80］王美飞：《上海市中心城旧工业地区演变与转型研究》，硕士论文，华东师范大学，2010 年。

［81］王梦奎等：《学习十四大报告辅导》，中共中央党校出版社 1992 年版。

［82］王士君、吴嫦娥：《城市组群及相关概念的界定与辨析》，《现代城市研究》2008 年第 3 期。

［83］王涛：《东京都市圈的演化发展及其机制》，《日本研究》2014 年第 1 期。

［84］王小莹：《构建可持续发展的城市形态——伦敦市城市形态的演替与思考》，《绿化与生活》2016 年第 7 期。

［85］王明杰：《成都都市圈的空间范围试划界定及结构层次划分研究》，《成都行政学院学报》，2019 年第 5 期。

［86］吴挺可、王智勇、黄亚平、周敏：《武汉城市圈的圈层聚散特征与引导策略研究》，《规划师》2020 年第 2 期。

［87］吴唯佳、唐燕、向俊波、于涛方：《特大型城市发展和功能演进规律研究——伦敦、东京、纽约的国际案例比较》，《上海城市规划》2014 年第 6 期。

［88］徐海贤、韦胜、孙中亚、高湛：《都市圈空间范围划定的方法体系研究》，《城乡规划》2019 年第 4 期。

［89］小林博：《阪神地方の都市化》，《地理》1960 年第 5 期。

［90］谢守红：《大都市区空间组织的形成演变研究》，博士论文，华东师范大学，2003 年。

［91］许璇：《上海"365 危棚简屋"改造的历史演进及经验启示》，《上海党史与党建》2015 年第 9 期。

［92］亚当·斯密：《国民财富的性质和原因的研究》，中国社会出版社 1999 年版。

［93］闫厉：《多层次轨道交通导向下的都市圈空间结构发展研究——以首尔都市圈为例》，天津大学，2018 年。

［94］闫广华：《沈阳都市圈的范围及城镇空间分布的分形研究》，《地理科学》2016 年第 11 期。

［95］严涵、聂梦遥、沈璐：《大巴黎区域规划和空间治理研究》，《上海城市规划》2014年第6期。

［96］杨洁：《速度惊人！从"南通南不通"到"上海北大门"》，《嘉兴日报》2019年3月13日。

［97］杨晓波：《深化沪嘉战略性新兴产业协同发展》，《浙江经济》2018年第24期。

［98］伊德翁·舍贝里：《前工业城市：过去和现在》，社会科学文献出版社1960年版。

［99］于欢：《上海产业空间布局的演变和优化建议》，《商场现代化》2014年第8期。

［100］俞凯：《〈上海市产业地图〉正式出炉：未来产业发展的布局图、作战图》，澎湃新闻2018年11月7日。

［101］张俊：《解读〈长江三角洲城市群发展规划〉》，《地理教育》2017年第2期。

［102］张丽恒、王黎明、虞冬青等：《京津冀一体化的综述与借鉴》，《天津经济》2014年第4期。

［103］张晓兰：《东京和纽约都市圈演化机制与发展模式分析》，吉林大学，2010年。

［104］张萍、张玉鑫：《上海大都市区空间范围研究》，《城市规划学刊》2013年第4期。

［105］长江三角洲城市经济协调会办公室：《走过十年：长江三角洲城市经济协调会十周年纪事（上册）》，文汇出版社2007年。

［106］赵丛霞、金广君、周鹏光：《首尔的扩张与韩国的城市发展政策》，《城市问题》2007年第1期。

［107］赵健、孙先科等：《国家中心城市建设报告（2018）》，社会科学文献出版社2018年版。

［108］赵焱：《融入上海大都市圈建设　共同开启沪苏合作新篇章》，《苏州日报》2020年11月21日。

［109］中共南通市委、南通市人民政府：《南通市接轨上海工作纲要》，2003年。

［110］中共上海市委党史研究室等：《上海城市建设发展》，上海人民出版社2004年版。

［111］中共上海市委组织部、中共上海市委宣传部、上海市地方志办公室：《上海通志干部读本》，上海人民出版社2014年版。

［112］中共四川省委党史研究室、四川省中共党史学会：《三线建设纵横

谈》，四川人民出版社 2015 年版。

［113］中共中央文献研究室：《建国以来重要文献选编（第十一册）》，中央文献出版社 1995 年版。

［114］中华人民共和国国家发展和改革委员会：《国家发展改革委关于培育发展现代化都市圈的指导意见》，2019 年。

［115］中华人民共和国国家发展和改革委员会：《国家发展改革委关于同意南京都市圈发展规划的复函》，2021 年。

［116］中华人民共和国国家发展和改革委员会：《国家发展改革委印发关于促进中部地区城市群发展的指导意见的通知》，2010 年。

［117］中华人民共和国国家发展和改革委员会：《虹桥国际开放枢纽建设总体方案》，2021 年。

［118］中华人民共和国中央人民政府：《国务院关于进一步推进长江三角洲地区改革开放和经济社会发展的指导意见》，2008 年。

［119］中华人民共和国中央人民政府：《粤港澳大湾区发展规划纲要》，2019 年。

［120］中华人民共和国中央人民政府：《长江三角洲区域一体化发展规划纲要》，2019 年。

［121］中华人民共和国中央人民政府：《中华人民共和国国民经济和社会发展第六个五年计划》，1982 年。

［122］中华人民共和国中央人民政府：《中共中央关于制定国民经济和社会发展第十一个五年规划的建议》，2005 年。

［123］中华人民共和国中央人民政府：《中华人民共和国国民经济和社会发展第十一个五年规划纲要》，2006 年。

［124］中华人民共和国中央人民政府：《中华人民共和国国民经济和社会发展第十二个五年规划纲要》，2011 年。

［125］中华人民共和国中央人民政府：《中华人民共和国国民经济和社会发展第十三个五年规划纲要》，2016 年。

［126］中华人民共和国中央人民政府：《中华人民共和国国民经济和社会发展第十四个五年规划和 2035 年远景目标纲要》，2021 年。

［127］周振华、张广生主编：《全球城市发展报告 2020：全球化战略空间》，格致出版社 2021 年版。

［128］邹卫星、周立群：《区域经济一体化进程剖析：长三角、珠三角与环渤海》，《改革》2010 年第 10 期。

［129］《国务院批准实施长江三角洲地区区域规划》，《中国资源综合利用》2010 年第 5 期。

［130］《辉煌属于伟大祖国——共和国 60 年成就回顾》，《先锋队》2009 年第 10 期。

［131］《嘉兴加快推进首位战略接轨上海成重要突破口》，《解放日报》2020 年 10 月 14 日。

［132］《聚焦：国务院批准实施长三角区域规划》，《硅谷》2010 年第 6 期。

［133］《上海城市规划志》编纂委员会：《上海城市规划志》，上海社会科学院出版社 1999 年版。

［134］《苏州与上海地铁可扫码乘车互通》，《新华日报》2019 年 5 月 23 日。

［135］Alduy, J. P., 1979, "L'aménagement de la région de Paris entre 1930 et: de la planification à la politique urbaine", *Sociologie du Travail*, 21（2）.

［136］Anas, A., R. Arnott, and K. A. Small, 1998, "Urban Spatial Structure", *Journal of Economic Literature*, Vol.36, no.3.

［137］Duncan, O. D., W. R. Scott, S. Lieberson, et al., 2019, *Metropolis and Region*, RFF Press.

［138］Frideman, J., 1973, *Urbanization, Planning and National Development*, London: Sage Publication.

［139］Friedmann, J., 1966, *Regional Development Policy: A Case Study of Venezuela*, Cambridge, Mass. MIT Press.

［140］Friedmann, J., 1986, "The World City Hypothesis", *Development and Change*, Vol.17, No.1.

［141］Hall, P. G., and K. Pain, 2006, *The Polycentric Metropolis: Learning From Mega-City Regions in Europe*, Ro- utledge.

［142］Hirschman, A. O., 1958, *The Strategy of Economic Development*, New Haven: Yale University Press.

［143］Krugman, P., 1996, *The Self-organizing Economy*, Cambridge, Mass, USA.

［144］Kwon, Yongwoo, 1997, "Lee Jawon. Residential Mobility in the Seoul Metropolitan Region", *Korea GEO Journal*, 43（4）.

［145］Massey, D., 1979, "In What Sense a Regional Problem?", *Regional Studies*, Vol.13, No.2.

［146］McDonagh, J., "Theories of Urban Land Use and their Application to the Christchurch Property Market", Lincoln University, 2007.

［147］Perroux, F., 1955, "Note sur la notion de 'pôle de croissance'", *Éditeur inconnu*.

［148］Porter, M. E., 2000, "Location, Competition, and Economic

Development: Local Clusters in a Global Economy", *Economic Development Quarterly*, Vol.14, No.1.

[149] Reinert, E. S., Giovanni Botero（1588）, and Antonio Serra（1613）, "Italy and the Birth of Development Economics", in *Handbook of Alternative Theories of Economic Development*, Edward Elgar Publishing, 2016.

[150] Riley, K., 1957, "Zonal and Sector Theories of Internal Urban Structure Applied to Tulsa", Proceedings of the Oklahoma Academy of Science.

[151] RPA, 1929, "Regional Plan of New York and Its Environs", New York.

[152] RPA, 1968, "The Second Regional Planning: A Draft for Discussion", New York.

[153] RPA, 1996, "A Region at Risk: The third Regional Plan for the New York-New Jersey-Connecticut Metropolitan Area", New York.

[154] RPA, 2017, "The Fourth Regional Plan: Making the Region Work for All of Us", New York.

[155] Sassen, S., *The Global City*, Princeton University Press, 1991.

[156] Schéma directeur d'aménagement et d'urbanisme de la région de Paris （SDAURP）.

[157] Scott, A. J., *Metropolis: From the Division of Labor to Urban Form*, University of California Press, 1988.

[158] Scott, Allen J., 2001, *Global City-Regions: Trends, Theory*, Policy, Oxford: Oxford University Press.

[159] SDRIF: Île-de-France 2030.

[160] The London Plan 2004.

[161] The London Plan 2008.

[162] The London Plan 2011.

[163] The London Plan 2016.

[164] The Spatial Development Strategy for Greater London.

[165] Ullman, E. L., 1957, *American Commodity Flow*, Washington D.C: Seattle University of Washington Press.

[166] Van Roosmalen, P.K.M., 1997, London 1944: Greater London Plan, London.

后记

　　编撰出版《上海都市圈发展报告》的想法，是在做 2020 年度上海市政府决策咨询研究重点专项课题《上海大都市圈规划建设的目标定位研究》(2020-AZ-07-B) 时形成的。《上海都市圈发展报告·第一辑：空间结构》，采用了该课题研究报告的部分内容。由于研究上海都市圈发展是一项比较浩大的工程，需要分辑展开，编写系列发展报告。第一辑的主题是空间结构，后续各辑的主题将是同城化、交通网络、产业发展、人口与劳动力、生态环境、社会治理与公共服务等。

　　感谢上海市人民政府发展研究中心、上海市委决策咨询委员会、上海市哲学社会科学规划办公室、格致出版社等单位对《上海都市圈发展报告》相关工作的大力支持。

《上海都市圈发展报告》课题组

2021 年 6 月 26 日

图书在版编目(CIP)数据

上海都市圈发展报告. 第一辑,空间结构/陈宪主编. —上海:格致出版社:上海人民出版社,2021.8
ISBN 978 - 7 - 5432 - 3260 - 0

Ⅰ. ①上… Ⅱ. ①陈… Ⅲ. ①城市圈-发展-研究报告-上海 Ⅳ. ①F127.51

中国版本图书馆 CIP 数据核字(2021)第 129402 号

责任编辑　张宇溪　忻雁翔
封面装帧　人马艺术设计·储平

上海都市圈发展报告·第一辑:空间结构
陈　宪　主编

出　　版　格致出版社
　　　　　上海人&出版社
　　　　　(200001　上海福建中路 193 号)
发　　行　上海人民出版社发行中心
印　　刷　上海商务联西印刷有限公司
开　　本　787×1092　1/16
印　　张　13.5
字　　数　174,000
版　　次　2021 年 8 月第 1 版
印　　次　2021 年 8 月第 1 次印刷
ISBN 978 - 7 - 5432 - 3260 - 0/F·1384
定　　价　108.00 元